VANN FJERNTHAV

ACOSO A SUPERDOTADOS:

IMPLICACIONES PROFUNDAS

*A todas las víctimas vivas del acoso,
para que triunfen sobre él.*

*Y a las devoradas por el monstruo,
para que su memoria ayude a
vencerlo.*

Contenido

Preámbulo 1 7

Preámbulo 2: 9

ACOSO, ASUNTOS URGENTES...............................9

   Actitudes nefastas a combatir 9

   Qué se necesita contra el acoso....................13

   Qué se necesita contra el acoso a superdotados...15

      Que el superdotado sepa que lo es 15

      Suprimir las negativas a evaluar y el no aceptar diagnósticos..18

      Que los potenciales acosadores no sepan lo que no les incumbe 20

PREFACIO 23

1. CAUSAS OBVIAS Y PROFUNDAS 25

2. DISCREPANCIAS 29

   Estas discrepancias se basan en: 29

   Creencias que se oponen a las voces de alarma:.30

   Superdotación y sesgos.............................32

3. TEORÍA DE LOS TIPOS DISTRIBUTIVOS DE CAPACIDADES...37

   Relaciones entre tipos y acoso 40

4. SUPERDOTACIÓN COMPLETA O BILATERAL: ACLARACIONES..43

Sobre la denominación 43

Superdotación completa y acoso 45

5. CLASE SOCIAL Y ACOSO 51

6. LA NORMALIDAD COMO CAUSA PROFUNDA
.... 59

7. LA SOLUCIÓN IDEAL E IMPOSIBLE 63

8. LA EXCELENCIA ÉTICA NO ES NORMAL ... 71

9. "SELECCIÓN NATURAL" SOCIAL 79

Cómo ven los jóvenes acosadores a los
superdotados 84

10. CONSECUENCIAS DEL ACOSO A
SUPERDOTADOS 87

11. CONSECUENCIAS PARA LOS
SUPERDOTADOS 89

12. CONSECUENCIAS PARA LA SOCIEDAD 95

13. PARADIGMAS SOCIALES SEGÚN LOS TIPOS
DISTRIBUTIVOS DE CAPACIDADES 99

Todas las capacidades bajas 100

Sólo CI elevado 100

Superdotación parcial derecha 102

Todas las capacidades medias 103

14. QUÉ PARADIGMA ESTAMOS
FAVORECIENDO 107

15. EL PARADIGMA DE LA INTELIGENCIA COMPLETA 117

El poder 118

La autoridad 118

La inteligencia.......................120

El conocimiento 121

La verdad 122

La ética........................124

16. DISIPANDO TEMORES Y SEÑALANDO ESPERANZAS 127

ANEXO 133

Un caso de complejidad extrema 133

GLOSARIO 137

Términos de la Teoría de los Tipos Distributivos de Capacidades......................137

Términos de la nomenclatura vigente 141

BIBLIOGRAFÍA 143

Superdotación 143

Acoso escolar.......................146

Problemas de superdotados, realidad o mito.........148

Anexo (*) 149

Control mental 149

Preámbulo 1

En este escrito no se olvidan los aspectos más urgentes del acoso escolar, y particularmente del acoso a superdotados. Por ello se ha colocado en primer lugar un segundo preámbulo que trata de estos aspectos.

Ahora bien, éste es un escrito principalmente de reflexión, que trata de ir a las raíces más profundas del acoso[1], y también expone las consecuencias (para toda la humanidad) del paradigma de suma cero del que surge el acoso y que se ve perpetuado y reforzado por éste. Todo ello sin olvidar los efectos del acoso en los superdotados, así como las posibles maneras de ayudarlos y de hacer que nos ayuden.

También señala cómo la actual clasificación de las altas capacidades dificulta el reflejar los nuevos descubrimientos de la neurociencia y lleva a datos contradictorios que inducen a la confusión. Ésta reviste el peligro de que científicos y políticos con intereses turbios la utilicen en favor de éstos.

---

[1] Siempre dentro del contexto humano, sin ir a buscarlas al sustrato biológico-evolutivo, (lo cual induce demasiadas veces al simplismo).

Por ejemplo, en Francia hay científicos que han llegado a decir que toda diferencia cualitativa (ajena la medida del CI) en los superdotados respecto a la población mayoritaria es pura pseudociencia[2], y que los supuestos problemas de los superdotados son puro mercadeo de neuromitos, ya que la inmensa mayoría de los superdotados tiene éxito y es feliz (por lo que los supuestos problemas de los superdotados se deben sólo a características y circunstancias individuales, en las que la superdotación es sólo mera coincidencia).

---

[2] Ya que, según dicen, lo único científico es lo medible y reducible a cifras: en ciencia, lo cualitativo no existe.

Véase **F. Ramus y N. Gauvrit:** *La pseudoscience des surdoués*
www.scilogs.fr/ramus-meninges/la-pseudoscience-des-surdoues/

ACOSO, ASUNTOS URGENTES

Actitudes nefastas a combatir

Pasividad

"No se puede hacer nada: son demasiados niños para vigilarles bien".

O sea, hay cosas más importantes que hacer (burocracia, etc.). Puede que no pase nada, o que alguien se suicide (son cosas que pasan).

Banalización

"Son cosas de niños". "Siempre ha ocurrido". "Así aprenden a resolver conflictos".

Por lo visto, que casi todos en el patio digan a tu paso "subnormal de mierda" o "gorda asquerosa" es un conflicto que tienes que aprender a resolver en soledad; se supone que eso te ayudará a "madurar", o sea, a asumir que no eres normal y por ello los demás tienen derecho a tratarte así.

Negación/Ocultación/"Lavarse las manos"

"Aquí nunca ha pasado nada". "En (x) años de funcionamiento del centro, jamás ha habido una queja". [¿No la ha habido o no han hecho caso?]

"Si su hijo tiene problemas, será él quien los provoca". [Si no estás bien aquí, vete: así no tendremos que mover un dedo.]

"Algunos niños tienen mucha fantasía". [¿A un niño le gusta ser acosado y fantasea con ello?]

"Está tratando de llamar la atención". [Es obvio que, si se ha quejado, está intentando justo eso: la cuestión es ***por qué***, ya que nadie quiere ser el centro de atención por supuestos defectos que motivan burlas y desprecio (y no, por ejemplo, compasión y atenciones, o "respeto" por miedo, o admiración del atrevimiento).]

Castigo a la víctima

Hay acosadores que se las ingenian para hacer que la víctima grite o dé muestras de ira delante de los profesores, sin que éstos noten la acción de los acosadores.

"Mano dura" general

Los acosadores suelen saber hacer que esa "mano dura" caiga principalmente sobre sus víctimas (hace milenios que ocurre). Y además, la parte que caiga sobre ellos exigirá venganza (ya sea sobre chivatos o chivos expiatorios).

Convivencia obligada

Es obvio que separar a la víctima de los acosadores tiene ciertas desventajas:

- Si se marcha la víctima, ésta puede verlo como un castigo.

- Si se van los agresores, se traslada el problema a otra parte.

Pero tal separación ofrece algún alivio, al menos temporal. La convivencia obligada, en cambio, no ofrece alivio ni solución, ya que, aun si los acosadores son estrictamente vigilados en el centro, nadie podrá evitar que continúen el acoso en el exterior, quizá en conexión con pandillas, o que hagan ciberbullying. Si no ven diariamente a la víctima, quizá la olviden y le den un respiro mientras buscan otra o cambian de actitud (por maduración o concienciación; posible pero difícil).

Protocolos "buenistas"

La víctima no los necesita: quizá su excesivo "buen rollo" (querer compartir sus ideas, hablar abiertamente de sus aficiones, hacer como si estuviera entre iguales, o sea, personas de su nivel intelectual) ha atraído el "mal rollo" envidioso/despreciativo de otros. Y los acosadores se ríen de todas las consignas "buenrollistas", que incluso pueden utilizar en su favor y contra sus víctimas.

Escuchar y observar

Se ahorrará así el tiempo y el esfuerzo exigidos por males mayores debidos a no hacer caso.

Separar agresores de agredidos

La víctima lo necesita para reponerse, ya sea expulsando a los agresores o facilitándole el traslado (se debería tener en cuenta su opinión al respecto, o al menos dejarle claro que se busca protegerla, no castigarla). Cuando no esté claro quién es el culpable, quizá sería mejor cambiar de grupo a los implicados dentro del centro sin acusarlos (así puede que se calmen las cosas, o que los culpables se pongan en evidencia).

Especial atención a los colectivos más vulnerables al acoso

Discapacitados, superdotados, otras etnias y clases sociales, defectos físicos o de apariencia, etc.

Enseñar principios básicos de convivencia: No dar por sentado que se traen de casa: las víctimas no tienen la culpa de la mala educación de otros, aunque tampoco la tenga la escuela. Unos principios básicos de respeto se pueden adaptar al programa y al material para cualquier nivel, y, si no incluyen consignas ideológicas que vayan más allá de ellos, no tienen por qué presentar problema alguno en cuanto a objeciones por parte de familias.

No bajar la guardia: La sensibilidad empática y la capacidad ética no crecen por decreto, ni por estudiarse como asignatura, ni por cantarse como consigna. Como en el caso del CI, pueden cultivarse cuando existe el potencial, pero presentan limitaciones si éste es bajo, por lo que siempre habrá una tendencia "normal" al acoso, al menos mientras la especie no evolucione y los ahora "superdotados" en todas esas capacidades pasen a ser mayoría.

Qué se necesita contra el acoso a superdotados

Que el superdotado sepa que lo es

A diferencia de las discapacidades, la superdotación no es en sí misma un problema (sino todo lo contrario), pero sí es un factor de vulnerabilidad al acoso, sea por envidia o desprecio, cuyo peligro crece exponencialmente cuando los superdotados no saben que lo son.

Cuando ignora serlo, el superdotado tiende a comportarse como si estuviera entre iguales, pero no es así: los demás sí notan que es diferente, que su forma de hablar y de comportarse, sus gustos, intereses, etc., son diferentes de los suyos. Diferente, en el idioma "tribal-normal", significa inferior, o sea, digno de burla y desprecio.

Si un superdotado sabe que lo es, puede pensar que se le acosa por envidia de su inteligencia. Pero si no sabe que la tiene superior, otros le harán creer que la tiene inferior.

Alguien consciente de la naturaleza de su diferencia puede elegir no mostrarla siempre a todo el mundo, igual que no se muestra así el dinero o los objetos valiosos. Pero si no es consciente de su diferencia la mostrará indiscriminadamente, lo cual le expondrá al acoso. Y si cree que su diferencia es algo malo, sufrirá aunque logre ocultarla, y su potencial se desperdiciará para él y para la sociedad.

Lo óptimo es que tanto el niño superdotado como su familia y sus profesores conozcan su condición, para poder satisfacer sus necesidades educativas y que luego la sociedad obtenga el máximo de su potencial. Pero lo principal para prevenir infiernos de vidas arruinadas e inútiles es que los propios superdotados sepan pronto que lo son. Tendría que haber no sólo mejores planes de detección, sino también de autodetección, al menos para adolescentes, jóvenes y adultos. No obstante, dado que un niño superdotado (a veces incluso muy pequeño) puede tener la capacidad de comprensión de un adolescente o hasta de un adulto, quizá no sería mala idea poner esa información al alcance de los niños, aunque la inmensa mayoría de ellos no la entienda ni se identifique con ella; eso puede hacerse sin emplear ciertas palabras ("superdotado", "altas capacidades", "inteligencia", etc.), incluso con un cuestionario que remita a cierta bibliografía, creada expresamente para ello, con títulos no sospechosos (aunque en su interior sí se empleen los términos-tabú).

El 94-97% de los superdotados no es detectado. Además, debería haber, para aquellos niños cuyos padres "no creen en las altas capacidades" ni "en el etiquetado", alguna alternativa para, al menos, saber que sus diferencias no se deben a deficiencia intelectual, defectos morales o trastornos mentales. Por desgracia, ya ha habido suicidios por este motivo.

Un sistema de autodetección (que permita al sujeto buscar por su cuenta información y ayuda) debería llegar donde la burocracia, la familia, la escuela y el sistema sanitario no llegan.

Suprimir las negativas a evaluar y el no aceptar diagnósticos

Muchos centros se niegan a evaluar la posible superdotación cuando no la han detectado sus profesores. Si no se fían de lo que digan los padres, ¡razón de más para evaluar, y que luego todo un equipo multidisciplinar (no sólo un psicólogo) examine el caso y emita un diagnóstico!

Prejuicios falsamente igualitaristas llevan a docentes y funcionarios a creer que la superdotación no existe, que todos los padres del mundo creen siempre que sus hijos son superdotados, y que los diagnósticos de superdotación son un negocio en el que los padres pagan para conseguir un "carnet de superdotado" (¿?), cuando lo cierto es que la mayoría de los padres que acude a psicólogos lo hace a causa de problemas de conducta o emocionales de los niños, y entonces sólo algunos psicólogos detectan a veces una superdotación hasta entonces ignorada.

La actual legislación obliga a los centros escolares a aceptar los diagnósticos clínicos emitidos por equipos multidisciplinares independientes homologados (si se produce una negativa, la familia puede acudir al Defensor del Estudiante).

Aun así, los centros escolares tienden a disuadir a las familias de buscar un diagnóstico clínico que obligaría a la escuela a una adaptación curricular más compleja e individualizada que una simple aceleración o programa de enriquecimiento.

Además, algunas asociaciones de familias se conforman con la evaluación psicopedagógica de los centros escolares porque interpretan que un diagnóstico clínico implicaría tratar la superdotación como una enfermedad.

Pero, como señalan los médicos, no se debe confundir lo clínico con lo patológico: hay cosas, como la atención médica al embarazo y parto, que no implican necesariamente enfermedades. Un certificado médico para conducir vehículos no etiqueta como enfermo a su poseedor, sino todo lo contrario. La negativa a buscar un diagnóstico clínico de la superdotación priva a los niños del único documento legal que garantiza sus derechos ante el sistema educativo.

Que los potenciales acosadores no sepan lo que no les incumbe

Quizá no sería mala idea el que las notas o calificaciones escolares se comunicaran sólo en privado al alumno y a la familia (mediante carta, mensaje, correo electrónico, etc.), o consultándola en una web con una clave, o preguntando personalmente en Secretaría, sin que se vean las notas de otros. Si se cuelgan públicamente en la pared o en una web las notas de todos, no faltarán quienes busquen entre las más bajas o altas motivos para el acoso.

Cuando un profesor sepa que un alumno es superdotado, no debería darlo a entender (por comentarios, etc.) al resto de la clase, ya que esto suele propiciar el acoso, sobre todo si el tono del profesor es despectivo. Se debería tomar medidas contra profesores envidiosos que acosan a superdotados o facilitan aposta que lo hagan los alumnos. Tal envidia se basa en la en la ignorancia y en la mezquindad moral.

No estaría de más aprender y enseñar el valor de la discreción, que no es cobardía, ni hipocresía, ni pasividad. Que un niño, su familia y sus profesores sepan que es superdotado no implica que tengan que decirlo abiertamente ante cualquiera, igual que una persona con un mínimo de prudencia no contaría en plena calle que acaba de sacar del banco una importante suma que aún lleva en el bolso.

Supongamos que alguien, cavando en su jardín para plantar un árbol, encuentra un gran diamante, y lo cuenta a sus amigos en el bar (ante desconocidos), y allí dice que lo ha hecho certificar pero que aún lo guarda, en un tarro de la cocina, en su modesta casa sin alarma. Es cierto que tal hallazgo no tiene nada de malo, sino todo lo contrario, y que, siendo verdad, contarlo tampoco es hacer nada malo, pero, ¿sería prudente (cuerdo siquiera) hacer tal cosa? ¿Y si alguien, en vez de plantar un árbol, tuvo un hijo, y el tesoro es la inteligencia de éste? <u>La inteligencia no se roba, pero sí se destruye</u>, y a menudo es destruida por el acoso, que puede llevar al suicidio.

Hay quienes creen que "visibilizar" a los superdotados es la solución. ¿Solucionaría el robo el dejar todas las puertas abiertas y andar todos con dinero asomando de los bolsillos? Una cosa es visibilizar colectivamente a los superdotados hablando o escribiendo sobre ellos para dar a conocer su realidad (o dándoles voz directa de un modo que no implique exponer sus datos personales), y otra muy distinta es poner en el punto de mira a individuos concretos, que así corren peligro, induciéndolos a autoseñalarse[3].

---

[3] Lo que vendría a ser lo mismo que decir: "llevo mil euros en esta bolsa y los he ganado honradamente, ¿qué pasa?: ¿acaso no tengo derecho a decir delante de todos que llevo el fruto de mi trabajo?"

PREFACIO

El objetivo de este escrito es una reflexión sobre los aspectos menos obvios del acoso en general, y del acoso a superdotados en particular. No se trata de un estudio descriptivo sino de una serie de interrogantes y razonamientos sobre causas profundas o no evidentes, y también sobre consecuencias que se suelen pasar por alto.

Es un hecho constatado que existen diversas formas de acoso (escolar, laboral, etc.) y que sus víctimas son personas de todo tipo y condición, lo cual incluye a los superdotados intelectuales de todas las edades, a veces con las peores consecuencias para ellos. Lo que ya no es tan obvio, pero igual de real, son las consecuencias para el conjunto de la sociedad, de las que la pérdida del potencial, por importante que sea, es tan sólo la menos grave de ellas.

A partir de hechos fácilmente comprobables se irán planteando preguntas y poniendo al descubierto hechos incómodos (y negados a pesar de ser innegables).

1. CAUSAS OBVIAS Y PROFUNDAS

La causa más obvia del acoso es la diferencia, real o ficticia (a veces se inventa cuando se busca un chivo expiatorio).

¿Por qué se asume ya en la infancia, con tanta naturalidad, que diferente significa inferior?

¿Por qué surge, como por instinto, la idea de despreciar, insultar, patear (por no hablar de cosas peores) a los que tengan cualquier desventaja, aunque no hagan ningún daño?

¿No sería el dejarlos en paz, o incluso ayudarlos, la reacción de una mayoría inteligente y bondadosa, en la que sólo unas pocas manzanas podridas son malas o tontas? ¿No será que NO somos tan buenos e inteligentes como nos creemos?

Sólo las respuestas a tales interrogantes revelarán las causas profundas del acoso.

Quienes acosan creen acosar a los inferiores. Pero también los superdotados figuran entre sus dianas. En este caso, la envidia aparece como la causa más obvia, pero no sólo hay causas obvias:

- La mayoría de los superdotados no están identificados como tales: nadie, ni ellos mismos, sabe que lo son.

- Una parte importante de los superdotados identificados no tiene éxito, sino fracaso escolar.

No hace falta especular en el vacío para saber lo que ocurre con muchos de los superdotados no detectados. Gabinetes psicológicos especializados y asociaciones tienen datos de muchos casos de superdotados detectados tardíamente que sufrieron acoso escolar, no por envidia sino por desprecio hacia "subnormales", "locos", "idiotas", etc. No pocos de estos niños acabaron creyendo literalmente esos insultos, algunos incluso en la edad adulta, hasta el momento en que un psicólogo, casualmente con la formación adecuada para ello (la mayoría de los psicólogos no la tiene) detectó la superdotación. Muchos casos de este tipo no se detectan a tiempo, y acaban engrosando las cifras de suicidios, depresiones graves y adicciones.

¿Por qué la gente no distingue un superdotado de un deficiente? Podría ser lógico hasta cierto punto no distinguirlo de un sujeto corriente, pero ¿por qué precisamente lo ven como un loco o un idiota?

Parte de la respuesta es que se identifica la superdotación intelectual con el éxito académico y socioeconómico, y la falta de éstos se ve como inferioridad intelectual.

Pero otra parte importante de la respuesta es la identificación de la superioridad con el egoísmo y el poder para hacer daño: alguien que no usa su inteligencia para aprovecharse de otros o imponerse a ellos se ve como no inteligente.

Existe el prejuicio de que las personas poco agraciadas físicamente tienen un intelecto despreciable. Pero también está el prejuicio de que los muy guapos son tontos. Ambos extremos dan una pista de la explicación de la tendencia al acoso: la "normalidad" enamorada de sí misma. Lo que difiere de ella, sea fealdad o hermosura, deficiencia intelectual o superdotación, es digno de desprecio porque no es normal, y por ello deviene objeto de maltratos y burlas.

2. DISCREPANCIAS

Hay discrepancias en cuanto a la incidencia del acoso escolar a superdotados, y, sobre todo, en cuanto a la gravedad de sus consecuencias para éstos, igual que para cualquier tipo de problema relacionado con los superdotados.

Estas discrepancias se basan en:

- Cuál y cómo es la parte de la población superdotada afectada, o qué tipo de superdotados se tienen en cuenta a la hora de estimar la incidencia de los problemas, entre ellos el acoso (sesgos).

- Desacuerdos en cuanto a la naturaleza de la superdotación y las características de los superdotados.

El segundo punto se refiere a si la superdotación incluye o no más capacidades que las que mide el CI, y si los superdotados son o no más sensibles física y emocionalmente que la mayoría, lo cual les haría más o menos vulnerables a determinados problemas, como las secuelas del acoso escolar.

- El problema se ha exagerado debido a un sesgo: sólo se tienen en cuenta los casos problemáticos, que llaman la atención, mientras la inmensa mayoría no se queja ni presenta problemas, y las estadísticas muestran a la mayoría de los superdotados felices y sin problemas con los compañeros. De ello se ha deducido que, si algunos superdotados tienen problemas, éstos se deben sólo a características o circunstancias individuales, sin relación ninguna con la superdotación.

- Los superdotados, precisamente por serlo, están también mejor dotados para defenderse del acoso y para que éste les afecte menos emocionalmente (por algo son más racionales que la mayoría, lo cual implica ser menos emocionales). Incluso puede que usen sus capacidades para acosar a otros.

* Los superdotados tienden naturalmente a ser admirados, populares, líderes de su grupo. Si alguien los acosara, sería por envidia, jamás por desprecio (y los envidiosos son muy pocos, y los que se atreven a actuar, muchísimos menos: ¡la mayoría de la gente es buena!).

* Es una afirmación pseudocientífica el que los superdotados sean más sensibles que la mayoría, y lo prueba el que existen psicópatas, emocional y hasta físicamente hipoestésicos (de baja o nula sensibilidad), con un CI muy alto. Por otra parte, una alta sensibilidad puede coexistir con un CI normal o inferior, incluso muy inferior. De ello se deduce que lo único que científicamente se puede ligar a la superdotación es el CI, y que la mayoría de los superdotados tiene una sensibilidad emocional media o incluso baja.

* Si de veras los superdotados suelen ser más sensibles que la mayoría, sin duda esto les hace exagerar las quejas y hacer ruido mediático, por lo que no es para tanto.

El primer punto de la lista anterior no tiene la inamovible base científica que las estadísticas le hacen aparentar. Esas mismas estadísticas indican que la inmensa mayoría de los superdotados no es detectada, por lo que esa mayoría feliz y sin problemas en la escuela constituye, en realidad, una minoría privilegiada: la de los detectados y bien atendidos (con asesoramiento de especialistas, adaptaciones curriculares, etc.).

Del hecho de que la mayoría de los superdotados no sea detectada se ha deducido erróneamente que "no tienen problemas, pues, en tal caso, éstos se detectarían", lo cual es un error porque, como las detecciones tardías demuestran, <u>los problemas de los superdotados no detectados se clasifican normalmente como problemas ajenos a una superdotación</u> cuya existencia se ignora, y muy raramente conducen a la detección de la superdotación (los detectados tardíamente suelen haber pasado por varios diagnósticos erróneos).

Así, lo que se ha interpretado como ausencia de problemas en los superdotados no detectados, en realidad es ausencia de atribución de los problemas (acoso escolar, depresión, adicciones, suicidio) a superdotados. Dado que la mayoría de los psicólogos carece de formación para detectar superdotados, el coladero es enorme, y crece aún más al sumarle el miedo de los afectados a un diagnóstico de enfermedad mental, y aún más por la escasez de recursos económicos (del paciente y del sistema sanitario).

El problema de a qué superdotados tener en cuenta para la incidencia del acoso o de sus secuelas presenta las siguientes implicaciones:

- Si se busca esa incidencia entre los superdotados con problemas, su número será grande ("ocurre algo grave").

- Si se busca entre los superdotados detectados pronto y atendidos adecuadamente, la incidencia, si existe, será pequeña: casos aislados de envidia ("los superdotados son felices, no pasa nada").

- La verdadera incidencia no puede conocerse, ya que la mayor parte de los superdotados no es detectada.

- Que no se detecte la existencia de la mayor parte de los superdotados implica ignorar también sus problemas, si acaso los tienen. Que éstos no salgan a la luz no implica necesariamente que no existan.

- Un indicio claro de que los superdotados no detectados sí tienen problemas, y de que éstos suelen ser más graves que los de los superdotados detectados, son las detecciones tardías, que suelen tener lugar tras varios diagnósticos erróneos y largos peregrinajes en busca de soluciones que resultaron infructuosas.

Los demás puntos de la lista de discrepancias se deben a la inexistencia de una adecuada clasificación de los superdotados, que pueden diferir mucho entre ellos, no sólo a nivel cuantitativo (CI más o menos alto), sino también distributivo (número y tipo de capacidades por encima de la media) y cualitativo (qué capacidades están por encima de la media en un sujeto dado).

Hay casos de superdotados que no tienen altas todas las capacidades que mide el CI, con algunas dentro de la media o incluso por debajo.

Por el contrario, hay superdotados que, además de las capacidades que mide el CI, tienen otras capacidades elevadas, como los diferentes talentos artísticos o la creatividad. Entre ellas están también la sensibilidad empática y la capacidad ética.

La diferencia de capacidades no implica sólo distintas habilidades, sino también distintas actitudes, tipos de personalidad y conductas. La mayor o menor sensibilidad empática es la clave de por qué los superdotados se comportan de tan distinto modo.

3. TEORÍA DE LOS TIPOS DISTRIBUTIVOS DE CAPACIDADES

Igual que el CI no es idéntico en todos los individuos, el grado de otras capacidades, incluida la sensibilidad empática y la capacidad ética, también difiere de unos sujetos a otros. La distinta proporción entre el CI, por un lado, y la sensibilidad empática por otro, dará tipos de personalidad muy diferentes, no sólo en sentido cuantitativo (más o menos inteligencia, habilidad o bondad) y cualitativo (qué capacidad o capacidades presentan elevación), sino también distributivo (qué proporción de capacidades elevadas, medias o bajas se tiene), lo cual es otra dimensión cuantitativo-cualitativa: no es lo mismo tener una capacidad por encima de la media, que tenerlas todas o la mitad de ellas, y, en este último caso, será muy importante saber de qué mitad se trata, es decir, de qué partes del cerebro dependen principalmente esas capacidades.

Se llama aquí *tipo distributivo de capacidades* a una determinada proporción entre el CI, por un lado, y la sensibilidad empática, por otro.

Cada distinta proporción entre CI y sensibilidad empática implica ciertas actitudes y conductas hacia otras personas, y, concretamente, hacia personas con otros tipos distributivos de capacidades.

Los tipos distributivos de capacidades se tratan aquí, en principio, como tipos teóricos de los que se deducen lógicamente ciertas consecuencias. No son datos científicos experimentales, aunque se basan en éstos y en la observación de la vida cotidiana. A los científicos corresponderá la labor de comprobar cuánto hay de cierto en los razonamientos aquí expuestos.

Según esta teoría, las actitudes propias de cada tipo en relación con los otros revelan las probabilidades, para cada tipo, de ser víctima o acosador, o de ser ambas cosas, o de evitar serlo, dependiendo, además, de sus circunstancias particulares (aspecto físico, origen, clase social, ambiente familiar, etc.).

Téngase en cuenta que, aunque se dice que las teorías predicen hechos, aquí, en realidad, no se trata de predecir si alguien será acosador o acosado, sino de explicar, en su caso, por qué lo es, o, a todo estirar, intentar prevenir ciertos peligros. Cualquier tipo de clasificación de las personas (biológica, social, cultural, etc.) puede ser usada con fines perversos, pero la causa de ello no es la clasificación, incluso si es errónea, sino el uso que se le da.

(Bajo Ci) + (sensibilidad empática media-baja)

Igual probabilidad de ser acosado, acosador, o ambas cosas. La baja capacidad cognitiva puede contribuir a que sea víctima, y la baja sensibilidad empática le impulsará entonces a desquitarse con los más débiles. Puede ser observador pasivo.

(Bajo Ci) + (sensibilidad empática alta)

Casi siempre víctima pura, por sus propias características o por defender a otros.

(CI medio) + (sensibilidad empática media-baja)

Puede ser víctima (por temas de apariencia, origen, etc.), pero puede desquitarse acosando a otros. También puede ser cómplice u observador pasivo indiferente.

(CI medio) + (sensibilidad empática alta)

Víctima o defensor. Observador pasivo si tiene mucho miedo.

(CI alto) + (sensibilidad empática muy baja o nula)

Superdotado parcial y psicópata. Generalmente, agresor puro. Si es acosado (por envidia, o por aspecto físico, origen, etc.), se venga con creces. Jamás es una víctima pasiva, si bien tiene una gran capacidad de fingimiento. Si hay un tipo de superdotado que use sus capacidades para acosar, es éste.

(CI alto) + (sensibilidad empática media o media-baja)

Tan proclive a ser acosador como un sujeto con todas sus capacidades dentro de la media, pero con más habilidad para sustraerse al acoso de otros y para evitar ser descubierto si lo perpetra. Es un sujeto éticamente "normal", sólo que "listo".

(Ci alto) + (sensibilidad empática alta)

Superdotado completo, y a menudo víctima completa. Objeto de envidia si tiene éxito (lo cual es muy raro), y de desprecio si no lo tiene (lo más frecuente). Su defensa de otras víctimas multiplica aún más su victimización. Casi nunca agresor, aunque los agresores pueden hacer que lo parezca, o sea, que se le acuse (haciéndole gritar o provocándole a la ira delante de los profesores sin que éstos vean la provocación). Puede tener reacciones violentas puntuales, pero no se dedica a acosar a otros. Prefiere los enfrentamientos cara a cara a los ataques cobardes e hipócritas, lo cual le acarrea castigos. Su falta de "picardía" le da fama de tonto entre los compañeros.

4. SUPERDOTACIÓN COMPLETA O BILATERAL: ACLARACIONES

Sobre la denominación

La teoría de los tipos distributivos de capacidades es, en realidad, una teoría más amplia, tricriterial y ampliable, cuyas bases están expuestas en el libro *Superdotados, la clave olvidada* (Amazon, 2017), si bien, para su aplicación al tema del acoso, basta la simplificación expuesta en este escrito.

El tipo designado aquí como *superdotado completo* o *bilateral* tendría quizá una denominación más exacta si se llamara *superdotado de amplio espectro de capacidades,* ya que presenta elevación en todas ellas o en la mayoría (pero sería un nombre-frase muy largo). Obviamente, es un tipo de superdotado más completo que uno que presente una elevación significativa respecto a la media en menos de la mitad de sus capacidades, y es a ello que obedece la denominación de "completo".

Dicha completitud es, pues, relativa, y en ningún momento pretende ser absoluta. No alude a nada parecido a la perfección total. Aun si la superdotación intelectual se diera junto con salud, gran belleza y muy altas habilidades físicas (lo cual es posible pero infrecuente), siempre habría que recordar que nadie lo sabe ni lo puede todo[4], y que el saber se adquiere con la experiencia, aunque los ritmos de adquisición y procesamiento varíen.

En cuanto al término "superdotación bilateral", se refiere a que las capacidades elevadas están en ambos hemisferios del cerebro, o al menos incluyen funciones que, en la mayoría de los casos, dependen principalmente (que no de forma exclusiva) de ciertas partes del cerebro, que, en este caso, son todas o la mayoría.

A diferencia del completo o bilateral, en el superdotado parcial izquierdo, las capacidades elevadas dependen principalmente del hemisferio izquierdo, y en el superdotado parcial derecho lo hacen del hemisferio derecho. Cada uno de dichos tipos parciales de superdotación tiene las capacidades que dependen principalmente de un hemisferio cerebral elevadas o muy elevadas, y las que dependen sobre todo del otro hemisferio son normales (están dentro de la media) o bajas (inferiores a la media). Nadie usa un solo hemisferio teniendo dos, y aunque sólo una parte

---

[4] Los superdotados más completos suelen recordarlo; los demás, no.

de un hemisferio sea superdotada, esa parte necesita el resto del cerebro para funcionar (la "lateralidad" intelectual y psicológica también es, pues, relativa; una cosa es dominancia, y otra, exclusividad).

Superdotación completa y acoso

La alta capacidad ética de los superdotados completos los aleja de la práctica activa del acoso y de su contemplación indiferente. Otro hecho notable es que pueden ser buenos amigos de sujetos con cualquier nivel de CI (siempre que éstos tengan una sensibilidad empática alta), incluso bajo o muy bajo. En cambio, los sujetos normales y los superdotados parciales izquierdos temerían rebajarse socialmente de categoría si les vieran "con el subnormal", salvo para humillarlo.

Lo anterior no significa que el superdotado completo pueda soportarlo siempre todo, como si llevara una coraza por la que resbalan insultos, agresiones y burlas. A diferencia del sujeto normal y del superdotado parcial izquierdo, el superdotado completo tiene todas o la mayoría de sus capacidades elevadas, siempre incluyendo la sensibilidad emocional, y, con mucha frecuencia, la sensorial.

El superdotado completo sí sufre física y emocionalmente más que la mayoría, al igual que algunos tipos de superdotados parciales derechos.

Los superdotados parciales izquierdos, en cambio, tienen una sensibilidad completamente normal (la mayoría de ellos), o incluso inferior o muy inferior a la media (psicópatas).

Todas las discrepancias sobre si los superdotados son más o menos sensibles que la mayoría de la gente provienen de la carencia de una clasificación adecuada[5] de los distintos tipos de superdotación, ya que, al mezclarlos todos, se obtienen datos contradictorios.

Hay pruebas de que las diferencias entre superdotados pueden ser mucho mayores que las que haya entre un superdotado y un sujeto de capacidades medias, o hasta entre un superdotado y un infradotado. Ello es bastante obvio en cuanto a diferencias cuantitativas (un CI de 130

---

[5] Quizá la clasificación aquí propuesta diste mucho de ser la más adecuada, pero se incluye para demostrar que es posible una clasificación de los superdotados con más precisión que la actual, y que neurocientíficos y psicólogos podrían crear una mucho mejor (que la aquí presentada y que la vigente). Quizá fuera mejor usando categorías numeradas o marcadas por letras: "superdotado de tipo [1, 2, *n*]", o "de tipo [A, B...]", etc., que hasta pueden combinarse ("tipo 1-A", etc.)

está más cerca de uno de 125, o hasta de 80, que de uno de 197), y también cualitativas (hay talentos musicales que no lo son en otras artes, o matemáticos con baja capacidad verbal, etc.). **Pero habría que prestar atención también a los patrones distributivos de capacidades**: no es lo mismo una elevación significativa de todas o la mayoría de las capacidades, que una de sólo la mitad de ellas, y **sería crucial saber qué mitad** (todas principalmente dependientes de un hemisferio cerebral, o del otro, o igualmente repartidas entre ambos). Podemos clasificarlas como talentos simples o complejos, pero hay conjuntos de talentos complejos principalmente dependientes de un hemisferio u otro del cerebro, y esto no queda reflejado en la actual nomenclatura, aunque produce personalidades diametralmente distintas.

La intensidad emocional de un superdotado completo puede hacer pensar que es un sujeto violento, ya que puede gritar e incluso golpear si es sometido a una continua provocación sistemática sin que se haga nada al respecto. Por ejemplo, si cada día pasa junto a él varias veces un grupo más o menos numeroso[6] que le susurra insultos (coreados luego a gritos en la calle, lejos de la vigilancia) sin que los profesores se den cuenta, la víctima puede acabar perdiendo la paciencia y reaccionando violentamente, por lo que será castigado y etiquetado como problemático, mientras los acosadores salen impunes.

En un caso así, puede ser muy difícil para la víctima reconocer ante adultos que se le insulte de ciertos modos (idiota, subnormal, imbécil, etc.), especialmente si no tiene éxito académico (puede temer que le digan que se ha ganado esa fama por sus malas notas). Los adultos suelen decir que, si no hay violencia física, mejor no hacer caso de insultos y burlas, porque "ya se cansarán". Pero <u>a menudo no se cansan: cada vez se divierten más al ver cansarse a la víctima,</u> y hasta traen a nuevos participantes, sin

---

[6] El acoso no se limita a compañeros de clase: a menudo los acosadores invitan a la "diversión" a miembros de otros grupos, incluso de otros cursos y edades, y, en la calle, a su pandilla del barrio.

que nadie con autoridad se dé cuenta. Y si la víctima es castigada por reaccionar con ira[7], ¡motivo de más para continuar el acoso, pues así aumenta la "diversión"!

---

[7] Que, obviamente, será "desmedida" para un insulto de un día, pero puede haber detrás varios meses de tortura psicológica por diferentes individuos.

5. CLASE SOCIAL Y ACOSO

La clase socioeconómica, como toda diferencia, puede servir de excusa para el acoso. Se han dado casos extremos de acoso escolar de más pudientes a más pobres, y lo contrario, aunque es más difícil, también ocurre, aunque suele darse en contextos extraescolares. Ninguna clase social ha demostrado ser moralmente mejor que otra, si bien las circunstancias facilitan o dificultan los abusos por parte de cada una.

Por un lado, muchachos envidiosos pueden atacar a los más pudientes allí donde éstos sean minoría y no gocen de protección especial. La llamada "caza al pijo" (reto viral en Internet consistente en asaltar y agredir a jóvenes con ropa cara) suele ser extraescolar y a desconocidos (en calles, centros comerciales, etc.), pero debería poner sobre aviso a las familias con dinero sobre los lugares por los que pasan sus hijos, y aún más a las familias menos adineradas que se esfuerzan en parecerlo y se endeudan para que sus hijos lleven ropa de marca, etc. sin tener acceso a los ambientes exclusivos y protegidos de las clases más altas.

Por otra parte, ya se han dado casos de acoso, y hasta de intento de asesinato e inducción al suicidio contra jóvenes por ser demasiado pobres para estar en determinadas escuelas. Da igual que hayan sido admitidos con una beca por buenas notas o que sus familias hayan hecho un gran esfuerzo económico: si la mayoría les ve por debajo de su clase, en un ambiente muy competitivo, habrá acoso. Familias que se sacrificaron lo indecible para dar a sus hijos lo que pensaron que era la mejor educación, han visto que así los llevaron a la muerte, o, en el mejor de los casos, al abandono de los estudios o a su continuación "desde abajo".

Se trata de mayorías contra minorías o individuos aislados, no de si una clase social es mejor o peor. Y la actitud de esas mayorías, tanto pobres como ricas, proviene de su baja sensibilidad empática y capacidad ética, por más que éstas sean consideradas normales.

Donde los más pudientes son mayoría, el acosado es el pobre, y viceversa. Ello se explica precisamente porque la mayoría, en todas las clases sociales, razas, culturas, etc., es normal, es decir, con un nivel de sensibilidad empática y capacidad ética entre mediocre y bajo[8] (y no alto o muy alto, como se quiere creer y aparentar). Tanto entre los ricos como entre los pobres la mayoría es empática y éticamente normal, por lo que no debería extrañar que en ambos grupos, como en todos, se dé el acoso, igual que <u>no hay naciones o razas que no hayan practicado jamás la guerra</u>. Esto no debe ser motivo de desesperanza: sólo conociendo los puntos débiles de la mayoría se puede lograr que ésta se convierta en lo que cree ser, o que al menos inicie un camino de aproximación.

Dicho sea de paso, el que la violencia escolar visible dentro de la misma clase social se dé más en entornos desfavorecidos puede explicarse por el mayor nivel de frustración (que se hace pagar a los más débiles, los diferentes, o los aún más pobres), pero no debería subestimarse la posibilidad de un mobbing competitivo, hecho de formas sutiles y poco llamativas pero psicológicamente destructoras, en el seno de clases más pudientes (en las que no faltan suicidios, depresiones, adicciones, etc.).

---

[8] Y luego están los psicópatas, que lo tienen entre muy bajo y nulo. Estos últimos ejercen un gran poder de seducción sobre el tipo mental normal.

Clase social y acoso a superdotados

En relación con los superdotados, el factor socioeconómico tiene aún más implicaciones: aunque no nazcan menos superdotados en las clases sociales bajas, sí son mucho menos detectados que en las más pudientes. Y, las pocas veces que se detectan, es raro que sean bien atendidos (por la falta de recursos de sus familias y la de las escuelas públicas).

- Si a la pobreza económica sumamos un modo de comportarse y hablar que resulta raro a los compañeros (raro para su edad y clases social: vocabulario amplio, no habla jergas juveniles, habla de temas poco populares, no adora con locura el fútbol aunque le guste, pasa de cotilleos de famosos e *influencers*, etc.), el acoso está servido.

- Si el niño valora el estudio, será un indeseable empollón, tenga éxito académico o no. Si encima saca buenas notas, se activarán las envidias.

- Y si tiene dificultades de aprendizaje (por desconocer ciertas particularidades del funcionamiento de su cerebro y la verdadera naturaleza de su diferencia respecto a la mayoría), eso también será una excusa para acosarlo.

El factor socioeconómico distorsiona los cálculos estadísticos, **tanto sobre la superdotación como sobre el acoso a superdotados:** Los problemas de los superdotados pobres son ignorados precisamente por la **falta de detección de la superdotación en las clases sociales bajas**, que, cuando se traduce en problemas (ansiedad, depresión, adicciones, suicidio), éstos se atribuyen a otras causas con más facilidad que en las clases altas (aunque eso también ocurre en ellas).

El indagar si la mayoría de los superdotados es feliz también introduce un sesgo, a saber, que la mayoría de los detectados no está entre los más pobres, por más que tampoco esté entre los más ricos. Por otra parte, la detección misma es un factor de felicidad si se acompaña de asesoramiento adecuado: a veces supone la diferencia entre la vida y la muerte (por suicidio, adicciones, etc.), o entre una vida mínimamente aceptable y la tortura de creerse mentalmente inferior a la mayoría, un inútil, una basura. Otro sesgo implicado podría ser el de la más temprana detección de los de más éxito académico.

A la alegación de que, para que el cálculo sea científico, tiene que basarse sólo en superdotados detectados, o de lo contrario se estará especulando con sujetos no superdotados o que se ignora si lo son, se puede responder que, para la obtención de un panorama más "natural" (fuera de la muestra privilegiada), siempre se pueden tener en cuenta los datos de las detecciones tardías, con especial atención a los factores de esa tardanza.

Este grupo ofrece la posibilidad de evaluar si los superdotados no detectados son tan felices como los detectados ("antes y después"). Con ellos se podrá estudiar si la relativa mayor felicidad de los superdotados viene de la superdotación por sí sola o de su detección, y si los superdotados con problemas (emocionales, de socialización, de aprendizaje) los tienen sin ninguna relación con la superdotación (continúan igual tras la detección y asesoramiento) o en relación con ella[9] (han cesado o se han aliviado mucho), lo cual no significa que los problemas se deban a la superdotación, sino a la ignorancia de ella y de su "modo de empleo".

---

[9] Que **no** *a causa* de ella.

6. LA NORMALIDAD COMO CAUSA PROFUNDA

Hay un miedo generalizado a reconocer que la gran mayoría de las personas no sólo es mediocre en cuanto a CI, sino también en cuanto a sensibilidad empática y capacidad ética. Y no son pocos quienes, en este aspecto, no son sólo mediocres, sino deficientes o muy deficientes, aunque tengan un CI medio o alto.

Las personas con CI medio o alto pero con sensibilidad empática entre media[10] y baja (aunque no sea nula o muy baja) tienen un ego desproporcionado que les lleva, por instinto, a pensar que todo individuo o grupo diferente es inferior, y que dicha inferioridad da derecho al superior a la burla y al maltrato, por no hablar de cosas peores. Tal modo de ser no es "la naturaleza humana" ni "la verdadera naturaleza humana", ya que hay otras naturalezas humanas, dentro de la misma especie y en todas las razas, tan verdaderas como ella y muy distintas. Pero lo

---

[10] Considerada media por ser mayoritaria, pero, en términos absolutos, baja (para esperar de ella ciertas actitudes y conductas), aunque no sea nula.

cierto es que, por desgracia, suele pisotearlas a todas, ya sean inferiores, superiores o sólo distintas. Y lo consigue por una simple cuestión numérica.

A pesar de la gran variedad de culturas, la tendencia mayoritaria a pensar que los ajenos al propio grupo y los distintos dentro del mismo son inferiores, o incluso que no son humanos (o lo son "menos") es un fenómeno global, que se ha dado en todas las épocas y con cualquier grado de civilización[11].

Sólo hay un tipo humano no afectado generalmente por el pisoteo de la mayoría normal: los sujetos de alto CI y nula sensibilidad empática, que se enseñorean de la mayoría normal y gozan de su admiración, por lo que constituyen su liderazgo natural. Muy rara vez se acosa a psicópatas, y cuando eso ocurre (desprecio por el aspecto físico, origen, etc., o por envidia), ellos devuelven la misma moneda

---

[11] Hay desde tribus muy "primitivas" (de muy distintos puntos del Globo) sin otra palabra para "humano" que la que designa al propio grupo (lo cual implica que, para éste, los extranjeros no son humanos), hasta ejemplos como la Alemania nazi, no precisamente inculta ni salvaje.

con un enorme interés compuesto: la mínima provocación, real o imaginaria, da lugar a una venganza inimaginable, fríamente calculada para resultar impune.

Es a este tipo mental, y no a otro, que los normales admiran y muestran sumisión, por más que sigan decorándose el ego con discursos beatíficos: las atrocidades romanas, medievales, y las muchas que siguieron hasta Hitler, Stalin, Mao, Pol Pot, y posteriores dictadores latinoamericanos, asiáticos, africanos, etc., lo demuestran. <u>No pudo ser, en cada ocasión, un psicópata y unas pocas decenas de tarados</u> (ese famoso 2% de manzanas podridas), <u>cuando las víctimas fueron miles o hasta millones</u>: si hay una "banalidad del mal", es ésa.

<u>El tipo normal tiene asumido desde la infancia que el modelo a imitar es el que vence fácil y rápido</u>, sin someterse a "tonterías" como los escrúpulos morales o la compasión, aunque la edad recubra esto con una capa más o menos gruesa de hipocresía.

Si la mayoría normal tuviera como modelo al tipo superdotado completo (muy alto CI con muy alta sensibilidad empática y otras capacidades elevadas), todo sería muy distinto. En determinadas circunstancias, la gente puede alabar mucho la inteligencia y la bondad, pero en la práctica, quienes reúnen estas altas capacidades son acosados hasta los últimos extremos, y, en el mejor de los casos, ignorados y despreciados. Mucha gente ni siquiera cree que puedan existir personas así, y hasta piensan que, si existieran, serían realmente odiosas y despreciables (porque "eso no es humano"). No es de extrañar, pues, que cierto tipo de superdotados sean tratados como "no humanos".

7. LA SOLUCIÓN IDEAL E IMPOSIBLE

La solución ideal sería que no existiera el acoso ni la tendencia natural a él, o que éstos se redujeran justo a lo que se quiere creer que son: unos poquísimos casos aislados que una pronta intervención pone a raya.

Pero eso es como pedir peras al olmo, o higos al roble.

El cerebro "normal", en su más tierna infancia, piensa y siente, en el mejor de los casos: "yo soy bueno, listo y guapo"[12]. No hay duda de que la autoestima es buena y necesaria, y puede que hasta sea cierto que el niño es bueno, listo y guapo en mayor medida que otros.

Pero a esa idea suele sumarse otra que conduce a actitudes indeseables: "yo soy bueno, listo y guapo PORQUE SOY YO". La consecuencia lógica de esto es que, "como los demás no sois yo, no podéis ser tan buenos, listos y guapos, porque yo soy mejor en todo".

---

[12] Lo anormal, propio de los superdotados más completos, es ver sus propias deficiencias más que las ajenas, al revés que la mayoría.

Tan sólo un grado menos de sensibilidad empática, totalmente dentro de la normalidad, dice: "si no eres como yo, entonces eres malo, tonto y feo", lo cual implica que jamás seremos amigos y que debo apartarme de ti para que no me contagies socialmente tu inferioridad.

Y otro grado menos de sensibilidad empática, todavía considerado, normal, lleva a pensar: "me gusta hacerte daño porque es divertido, y es bueno que lo haga porque soy mejor que tú". Esta es la causa de todos los acosos, infantiles y adultos.

A veces se ha dicho que las raíces del acoso están en el miedo a una supuesta amenaza para el grupo. Pero resulta que es sólo la víctima de acoso, sola frente al grupo, quien tiene miedo: a ella sí le amenazan (los demás no tiemblan, sólo ríen). Ésa es la verdad incómoda que a veces se intenta camuflar explicándola como el miedo de antiguos primates a los animales extraños o foráneos. Hay que recordar que, en este caso, los agresores ríen de placer, no de miedo, y que la víctima de acoso pertenece al grupo (no viene de fuera).

Habría que preguntarse si acaso es posible que los acosadores (varios, bien aceptados por el resto, que aplaude sus "gracias") se sientan realmente amenazados (como individuos o como grupo) por el Idiota Cuatro Ojos, el Gordo Seboso Asqueroso, el Orejotas de Mierda, etc., cual grupo de primates ante un cachorro de león.

Antes de decir que en las comunidades animales la debilidad se percibe como una amenaza, y que así es como nuestros ancestros primates se protegían de las enfermedades contagiosas, cabría preguntarse si, por ejemplo, alumnos de secundaria creen contagiosa la miopía, la obesidad, la deficiencia cognitiva o las orejas grandes, etc.[13] , y, si de verdad creen eso, por qué no optan, simplemente, por apartarse del afectado: agredir implica tocar, e insultar requiere acercarse (para que lo oiga el acosado y no los profesores, etc.).

---

[13] Creencia comprensible en anteriores etapas evolutivas, o hasta en épocas más recientes en las que dominaba el pensamiento mágico, pero no ahora. No todos los comportamientos humanos actuales son directa y completamente explicables por atavismos paleolíticos, aunque éstos deban ser tenidos en cuenta.

No, los actuales acosadores no temen enfermar por culpa del acosado, ni adquirir sus características indeseables; simplemente, se aburren, y **acosar les resulta divertido**, ya sea:

- Como "desquite" de maltratos que sufren en casa.

- Por puro placer porque, teniendo todos los caprichos, ya nada les emociona (psicopatía por vacío moral y emocional).

- Porque se sienten bien siendo normales y siendo mayoría, y el poder se demuestra ejerciéndolo sobre los inferiores: ¿acaso hay algún poder no violento y realmente triunfante del que puedan tomar ejemplo? (normalidad de baja sensibilidad empática).

Es de temer, porque implica normalización, que el ejemplo más abundante sea el tercero. El primero, sin ser tan escaso como parece, tampoco llega a explicar que haya tantos acosadores y observadores pasivos. El segundo, aunque parezca mentira, también existe, y es una forma extrema del tercero.

Para que esta actitud no existiera como tendencia natural o se redujera al mínimo, la mayoría de las personas deberían ser capaces de hacer las siguientes dos cosas a la vez:

- **Comprender realmente desde el principio** (no como discurso aprendido para "quedar bien") que la diferencia no siempre equivale a inferioridad.

- **Sentir realmente** (no hacer como si lo sintiera porque se lo digan) que quien tenga una desventaja debe ser ayudado, o al menos dejado en paz (no usado para divertirse haciéndole sufrir).

Pero no es normal lograr ambas cosas, y menos hacerlo desde la infancia. Los muy racionales y los muy emocionales pueden lograr una de ellas, pero no ambas a la vez, y menos aún los del tipo mayoritario, que no sobresalen por una racionalidad extraordinaria ni por una muy alta sensibilidad emocional.

Sólo el tipo más completo de superdotados logra ambas cosas a la vez y muy temprano, sin que haya que inculcárselas. Pero es el tipo menos normal, y por ello más despreciado (y acosado, aunque nadie le envidie).

Este tipo de superdotados lo es de ambos hemisferios cerebrales, o bien presenta una funcionalidad análoga a la atribuida a una disposición bilateral de las capacidades elevadas.[14]

No es justo ni prudente esperar que niños normales se comporten, por sí solos, como el mejor tipo de superdotados. Y menos en un mundo con mayoría de adultos normales, liderados por sujetos con CI alto y sensibilidad empática entre media y nula.

El olmo es un árbol, y como tal da madera, oxígeno, sombra, etc. No hay por qué exterminarlo por no ser un manzano.

Bien mirado, no es venenoso, y hasta da forraje y verdura. Pero no da peras, ni bananas, ni aguacates, ni naranjas.

El ser humano normal puede trabajar y convivir más o menos bien, o hasta muy bien en

---

[14] Cada capacidad depende principalmente de una(s) parte(s) concreta(s) del cerebro, aunque a la vez requiera de otras y de la actividad del conjunto.

determinadas condiciones. Pero NO es, como él cree[15], el mejor tipo de humano: <u>de ahí su conducta hacia quienes percibe como diferentes</u>. Y si el tipo normal no es el mejor, mucho menos lo es aquel que tantos admiran como "superior": el psicópata listo[16], bajo cuyo dominio el futuro de la especie peligra.

---

[15] En parte, debido al efecto Dunning-Kruger.

[16] La mayor parte de los psicópatas tiene un CI medio.

8. LA EXCELENCIA ÉTICA NO ES NORMAL

La excelencia ética, como la excelencia intelectual o física, es eso, excelencia. Excepcionalidad, no normalidad.

La gente normal tiende a creerse excelente o con posibilidades de serlo, pero tal creencia no es realista. Justo el defecto contrario es frecuente entre los superdotados más completos: creerse inferiores a la mayoría, o, en el mejor de los casos, iguales (lo cual dura hasta que el rechazo ajeno les demuestra que no es así).

La inmensa mayoría de la humanidad, por mucho que se entrene, no es apta para alcanzar o superar las mejores marcas deportivas (que, en tal caso, no tendrían sentido) ni para desarrollar altas habilidades circenses o de danza. Tales cosas no constituirían un espectáculo si todos pudiéramos hacerlas con sólo proponérnoslo y entrenarnos (por más que también sea cierto que los mejor dotados, si no se entrenan, tampoco son aptos).

Del mismo modo, la normalidad intelectual en cuanto a CI no es la superdotación, por mucho que la gente normal se esfuerce en estudiar. No se puede exigir a niños con un CI de entre 100 y 110 que rindan tanto como los de 150 a 160.

Igual que en los casos anteriores, la sensibilidad empática y la capacidad ética normales no son las del superdotado completo, por más que la mayoría quiera creer y aparentar que sí. Tampoco son las del superdotado parcial derecho (de muy buenas intenciones e idealista, pero poco racional), que la gente normal cree mejor que el superdotado completo, por ser, a diferencia de éste, muy manipulable (mucho más que el sujeto normal).

Cualquier intento de mejora mínimamente efectivo pasa por reconocer el problema. Y el problema es que lo que sucede en el mundo (acoso, guerras, etc.), es, simplemente, lo "normal" dadas las características mayoritarias. Si el 90% de la población se compusiera de superdotados completos, con sólo un 2% de "manzanas podridas" mezcladas con un resto ni muy bueno ni muy malo, las cosas serían muy distintas.

La distopía que algunos esperarían de una mayoría de superdotados (en la que éstos, supuestamente, nos harían lo que hacen los normales a los anormales) sólo podría ocurrir (y es muy probable que ocurra) bajo el dominio de superdotados parciales izquierdos psicópatas, que ni siquiera necesitan ser muchos (y mucho menos la mayoría) para lograr algo así, ya que son líderes naturales de la gente normal: piénsese en Hitler, Stalin, Pol Pot, etc. (los hay de todas las épocas, razas, y culturas, abanderando todas las religiones e ideologías).

Dicho sea de paso, cuando la gente normal piensa en superdotados, lo único que les viene a la mente, casi de forma exclusiva, es lo que se ha descrito aquí como superdotados parciales izquierdos. A los superdotados parciales derechos se les suele ver como santos, héroes patriotas, gente idealista, quijotesca, etc., o artistas y gente sensible (PAS), "sin que ello tenga nada que ver con la inteligencia", como si no dependiera del cerebro y de ciertas formas de conocimiento. Los superdotados completos ni siquiera existen[17] en el imaginario de la mayoría, lo cual contribuye a su no identificación.

Otros creen que una mayoría buena de verdad sería insoportable, ya que crearía un mundo mortalmente aburrido, pero una sensibilidad física y emocional muy superiores, unidas a una infinita sed intelectual, harían imposible el aburrimiento[18]. El afirmar que sin el mal (o la violencia) no hay emoción, o que el mal es lo que da sentido al bien, o que la guerra es lo que saca lo mejor del ser humano, etc., es algo muy propio de la insensibilidad y la pobreza mental "normales". Así funciona el mundo, y a nadie debería extrañar, igual que no extraña que el agua con sal sea salada y no dulce.

---

[17] El superdotado parcial derecho es asociado a cosas que "no son inteligencia", y el superdotado completo ni siquiera se cree que pueda existir, ya que se ve como un oxímoron el que sea a la vez altamente racional y emocional.

[18] El tópico de los superdotados que se aburren en la escuela se refiere a la frustración de su deseo de aprender en clase y de avanzar académicamente, sobre todo en el caso de los talentosos académicos. El superdotado completo se frustra y se asquea, pero no se aburre: si no le interesa la clase, pasará una hora pensando en la vida de una mosca posada en la ventana, o en sus dinosaurios o cohetes favoritos, o inventará cuentos con personajes imaginarios, o planeará jugadas de ajedrez sin tablero, etc.

El que el grado normal o mayoritario de sensibilidad empática, capacidad ética y CI determine que la sociedad sea la que es (y no la propia de una mayoría superdotada en todas esas capacidades) no debe conducir a la desesperanza, pues reconocer el problema es el principio de la solución.

En épocas pasadas, muchas cosas que hoy son cotidianas, como volar o comunicarse a distancia, eran imposibles para el ser humano, y muchas enfermedades antes mortales hoy pueden curarse. La "normalidad" de ciertas características mentales no tiene por qué ser eterna e inexorable, aunque lo será si continuamos favoreciendo y seleccionando socialmente dichas características y suprimiendo otras, justo las que podrían producir el cambio. El acoso es una de las múltiples formas de dicha selección.

No fueron los disminuidos en CI quienes provocaron los más atroces horrores históricos. Tampoco fueron los superdotados completos. Fueron masas de sujetos normales, a menudo lideradas por superdotados parciales psicópatas (alto CI, nula sensibilidad empática), que a su vez pudieron servirse de superdotados parciales derechos (altamente fanatizables) como señuelos. Los "malvados listos" no habrían tenido muchas posibilidades de hacer lo que hicieron sin ser admirados y adulados por las masas normales ejecutoras de sus intenciones. No fue brujería. En muchos casos, ni siquiera fue miedo, sino participación alegre o de conveniencia. En otros muchos casos sí fue miedo, pero más a la mayoría que al líder en sí.

Vista la realidad, ¿se puede enseñar a los niños normales a ser buenos? ¿O es como hacer injertos de peral en olmos?

Haciendo un importante esfuerzo, una gran parte de las mentes infantiles consideradas "normales" puede pensar: "por algún motivo, los mayores quieren que haga como si los que no son como yo (el negro, la gorda, el orejotas, el tonto) fueran como yo", pero rara vez comprenderá realmente por qué debe hacerlo (como no sea por incentivos o por miedo a un castigo), y mucho menos sentirá el impulso natural de hacerlo.

Comprender realmente que la diferencia (de aspecto, de origen, de características físicas o mentales) no siempre equivale a inferioridad, y que hasta puede implicar cierta superioridad del otro respecto a uno mismo, es algo que requiere un alto CI.

Y estar dispuesto, además, a reconocer eso sin desprecio ni envidia, es algo que **requiere una alta capacidad ética.**

No todos los sujetos de alto CI ni la mayoría de los de CI medio[19] **tienen una alta capacidad ética**: la historia y la antropología lo prueban, las noticias diarias también, y la vida cotidiana también.

Distinguir ciertas características como ventajas y desventajas requiere inteligencia. Pero no despreciar a nadie por sus desventajas e intentar ayudar o al menos dejar en paz, sin burlarse de las desventajas ajenas ni aprovecharse de ellas (y menos aún usarlas como excusa para divertirse haciendo sufrir al otro) requiere, además, una alta capacidad empática y ética.

Sujetos con una sensibilidad empática entre media y baja no son capaces de excelencia ética, pero pueden tener un comportamiento aceptable si se les obliga, además de reforzar la buena conducta con incentivos. Hay que tener en cuenta, pero, que su motivación será básicamente egoísta.

---

[19] Muchos sujetos con CI bajo tienen una gran sensibilidad empática y una gran capacidad ética, pero la aplicación práctica de ésta puede verse dificultada por el déficit cognitivo.

Los superdotados completos no necesitan premios ni castigos para buscar la excelencia ética. A menudo ésta se les recrimina como debilidad de carácter o inmadurez, o hasta se tacha de locura o escasa inteligencia.

En cuanto a los psicópatas, los incentivos y castigos normales no son suficientes con ellos. Los psicópatas menos inteligentes son impulsivos y no tienen en cuenta las consecuencias de sus actos, ni siquiera para ellos mismos. Y los psicópatas más inteligentes saben sustraerse a dichas consecuencias y volverlas contra otros. Por si ello fuera poco, tanto los psicópatas listos como los tontos son siempre adictos al dominio de otras personas, y a menudo a la violencia, sin los cuales, para ellos, la vida no tiene emoción (no sienten emociones no egoístas, y las consideran propias de los débiles).

9. "SELECCIÓN NATURAL" SOCIAL

Se suele hablar de la selección natural como de una especie de voluntad divina que selecciona a los mejores, dándoles el derecho a explotar, torturar y exterminar a los inferiores, que al fin y al cabo perecerían por sí mismos inútilmente, ya que la naturaleza no los desea.

Pero eso no sólo es pseudociencia: es la típica excusa pseudorreligiosa ("Dios favorece a los suyos y les da derecho a matar a los que no lo son") disfrazada de biología. Según la idea realmente científica de la selección natural, no hay una voluntad o consciencia en la naturaleza que seleccione nada: simplemente, dadas unas circunstancias ambientales, sobreviven y se reproducen aquellos organismos para los que dichas condiciones resultan favorables, y se extinguen aquellos para los que resultan adversas. Que un individuo o especie sobreviva no implica que sea el "mejor" en términos absolutos, ya que lo mejor en un ambiente puede ser lo peor en otro. Por ejemplo, los organismos más resistentes al calor o al frío, o inmunes a ciertos tipos de virus, dejarán de ser "los mejores" si cambia drásticamente el clima o entran de repente en contacto masivo con un nuevo tipo de virus para el que no tienen defensas.

Los supuestos "derechos de los mejores" (a explotar, agredir, exterminar) no tienen nada que ver con la selección natural: son sólo constructos sociales o psicosociales que la utilizan como excusa para ciertas conductas. Pero tales constructos y las conductas favorecidas por ellos sí funcionan, en la sociedad humana, de un modo parecido a la selección natural, creando ambientes favorables o adversos a sujetos con determinadas características, que, por sí mismas, no tienen por qué ser mejores ni peores que otras. E incluso puede que favorezcan características que acaben destruyendo la propia especie, o eliminen aquellos rasgos que podrían salvarla.

Deberíamos preguntarnos qué tipo de personas y de sociedad resultan favorecidos por la selección social ejercida por el acoso y por los factores estructurales y culturales que contribuyen a él.

El acoso favorece a los más inteligentes siempre y cuando usen sus capacidades para aprovecharse y burlarse de los demás. Luego, la estructura social favorece a los más inteligentes con menos escrúpulos (capaces de generar dinero y poder sin obstáculos éticos) muy por encima de los más inteligentes con más capacidad ética, que a menudo quedan socialmente por debajo (a veces mucho) de las personas con capacidades medias.

El tribalismo de la gente normal arremete contra todo lo "anormal" que no sea muy poderoso[20]. En tal ambiente, el superdotado completo tiene todas las de perder, ya que carece tanto de la insensibilidad del psicópata como del predominio genético del sujeto de capacidades medias, cuya abundancia hace posible el apoyo grupal (aunque los grupos luchen unos contra otros). Siendo así las cosas, los superdotados completos sólo pueden ser un fenómeno residual y tratados como residuos, <u>a no ser que la mayoría normal descubra en ellos capacidades beneficiosas para ella que no encuentren en los superdotados parciales.</u>

---

[20] Para esta mentalidad, una superinteligencia bondadosa es un oxímoron ridículo; en cambio, una superinteligencia psicópata suscita admiración y hasta sumisión (y no siempre por miedo).

Esas capacidades existen, pero no se consideran valiosas. Una es la alta racionalidad sin frialdad maquinal ni egoísmo psicopático (se prefieren estos últimos, o bien se cree imposible la razón sin ellos). Otra es la alta sensibilidad emocional no irracional (otro oxímoron para los normales, y aún más para los superdotados parciales).

En la superdotación completa, la emoción refuerza a la razón en lugar de combatirla, y la razón presta instrumentos a la pasión en lugar de enfriarla. La neurociencia está demostrando que razón y emoción son interdependientes y no enemigas, incluso en los sujetos de capacidades medias. Pero se prefiere seguir ignorándolo, ya que la división y mutilación de la mente es la base del poder psicópata y del lavado de cerebro.

Por lo demás, se sigue prefiriendo a los superdotados parciales a los completos[21]. Éstos pueden producir ciencia y tecnología como los parciales izquierdos, pero sus escrúpulos éticos

---

[21] Hasta se han hecho películas y novelas que lo dan a entender, como Divergente, de Veronica Roth.

son un obstáculo a la ganancia y al poder. El superdotado completo lo es también del hemisferio derecho, pero no se deja manipular y fanatizar tan fácilmente como los superdotados parciales derechos. Tiene una racionalidad extrema que repele a éstos, que los "normales" desprecian por emocional, y que además no conviene a quienes pretenden dominar la sociedad (superdotados parciales izquierdos de baja o nula sensibilidad empática).

Cómo ven los jóvenes acosadores a los superdotados

¿Quién querría ser amigo de alguien que dice cosas raras y que usa palabras que los demás no usan (que no salen en libros del cole, ni en la tele, ni en los cómics, ni en Internet si no es buscando mucho)?

No es posible tolerar la compañía de alguien a quien le gustan cosas aburridísimas, como hacer cálculos inútiles (que no son de los deberes), buscar información sobre hierbajos y bichos asquerosos, gente muerta hace miles de años, o planetas perdidos no sé dónde, todo con unas palabras rarísimas y feas (latín, o griego, o no sé qué chorradas).

A los tipos así les importa un comino lo más sagrado que hay en el mundo (como es el fútbol), y no quieren saber las cosas más interesantes de la vida, como quién se acuesta con quién o quiénes en la clase tienen más cosas de marca. No tienen ni puñetera idea de lo que está de moda.

El colmo es que encima se atrevan a criticar las cosas que más nos gustan a todos, diciendo que son violentas. Ignoran, por tontos y cobardes, lo único que mola de verdad en la vida, como el porno, los videojuegos de guerra, la bebida o la droga, y encima lo critican.

La violencia es la chispa de la vida, lo que le da toda la emoción, y sin ella nunca nadie sería realmente vencedor. Quien la critique sólo puede ser un tipo blandengue y despreciable, uno al que hay que dar una buena lección para que calle la maldita boca.

Además, los tipos así hacen la pelota a los profesores. Si yo no soy capaz de aprobar una asignatura por más que me esfuerce, ese gordo asqueroso cuatro ojos no puede haberla aprobado. La gente asquerosa, gorda y fea que además está loca no es inteligente.

No sólo son aburridos y odiosos. Además, son ridículos. Da risa ver cómo lloran o se enfadan. En realidad, ellos existen sólo para que los normales nos divirtamos.

Esos muermos viejos nos obligan a estar en una maldita clase en vez de pasar todo el día de juerga, y eso da mucha rabia. ¡Alguien tiene que pagar por ello!

Y es justo que lo hagamos pagar a quienes hacen la pelota a nuestros carceleros.

10. CONSECUENCIAS DEL ACOSO A SUPERDOTADOS

Sean cuales sean las causas del acoso a superdotados, éste tiene para ellos y para la sociedad unas consecuencias obvias, más o menos reconocidas, y otras no menos reales pero generalmente ignoradas, cuyo alcance y gravedad son mucho mayores.

Cuando se habla de acoso a superdotados, se suele pensar en niños. Pero también existe el acoso en universidades y en el ámbito laboral. Incluso dentro de la familia puede darse a veces, entre hermanos o contra la pareja, y a veces entre padres e hijos. Mucho maltrato machista se produce porque el marido no soporta la idea de que su mujer sea más inteligente que él. Un grupo de hermanos "normales" puede llegar a odiar al "cerebrito" sólo por gustarle cosas que a ellos les aburren y no preferir las mismas que ellos, además de los celos por las notas o por saber cosas que ellos ignoran (motivos que suelen ser también los del acoso escolar). Y un padre puede interpretar que su hijo le desprecia, o se cree mejor que él, o que no le respeta, sólo por saber cosas que él no sabe.

El mundo de la política, la economía y las celebridades mediáticas demuestra cada día que el acoso no es sólo un fenómeno infantil. Y, si hay una parte de sí misma que la sociedad aborrece, son aquellos superdotados de todas las edades que no sean exclusivamente un CI productor de dinero que no cuestiona nada, ni se rebela ante las injusticias e hipocresías socialmente aceptadas. La doble moral está tan asumida como "lo humano", que quien no se someta a ella no se considera humano.

La "alergia" a los superdotados completos (por no ser sólo CI puro y rentable, sin pensamiento crítico ni escrúpulos que frenen el poder y la ganancia) moldea la sociedad. Y ello tiene consecuencias muy graves que no sólo afectan a ese número ínfimo de individuos.

11. CONSECUENCIAS PARA LOS SUPERDOTADOS

Es obvio que puede haber una pérdida de oportunidades por abandono de los estudios o caída del rendimiento escolar. Pero si se pregunta a los superdotados que han sufrido acoso, o a sus familias, o a sus psicólogos, la lista de consecuencias no sólo se amplía mucho, sino que además revela efectos mucho más graves, a veces irreversibles. Los caso más graves aumentan cuando se trata de superdotados detectados tardíamente.

Los superdotados que lo son únicamente en CI (talentosos académicos o lógico matemáticos) suelen tener éxito en la escuela y un diagnóstico temprano. Incluso sin ningún test psicométrico, casi nadie duda que un niño con excelentes calificaciones académicas es inteligente. Naturalmente, uno de estos niños (o adultos) sufrirá si es acosado por envidia, pero rara vez llegará a creerse mentalmente inferior a la mayoría, al menos si recibe apoyo de su familia.

Pero, a diferencia del caso anterior, las formas más completas de superdotación (que incluyen otras capacidades además del CI) no suelen tener éxito académico, y sólo un ínfima minoría de ellos se identifica tempranamente, por lo que son dianas perfectas para el acoso, y los más perjudicados por él, ya que realmente llegan a creerse menos inteligentes que las personas normales.

Ha habido incluso casos de niños superdotados que conocían su condición y recibían pleno apoyo familiar, pero aun así llegaron a pensar en el suicidio a causa del acoso. Pero esto puede ocurrir a niños que ignoran su inteligencia y no reciben apoyo alguno, ya que a veces el centro escolar niega el acoso, o incluso lo refuerza castigando a la víctima por sus reacciones "disruptivas". Además, en casa también puede que se le culpe de los problemas, ya que siempre se ha visto que es "raro" y no piensa como un niño normal.

El sufrir acoso puede llevar a la víctima a buscar refugio en cualquier cosa. Y cualquier cosa pueden ser drogas, alcohol u otras adicciones. También puede tratarse de peligrosas "amistades" por Internet, pandillas marginales, o incluso sectas destructivas y todo tipo de dependencias emocionales tóxicas. Cada una de estas cosas tiene sus propios peligros, por no hablar del riesgo de suicidio.

Puede que no ocurra nada de esto, y el sujeto se limite a llevar una vida de amargura silenciosa, esperando con ansia el día de abandonar los estudios, sólo para reencontrar el acoso en el entorno laboral (si ha tenido la suerte de entrar en él en vez de convertirse en el "nini" que todos profetizaban). Entonces, todo será atiborrarse de ansiolíticos, antidepresivos, etc., sólo para que le digan que, para ser feliz, tan sólo tiene que poner de su parte.

Demasiados superdotados han tenido este tipo de historias, que a veces han pagado también sus hijos, si han llegado a tenerlos. Un superdotado insatisfecho que ignora su condición es difícil de comprender, incluso para sí mismo, y ello puede causar mucho malestar en una familia. Los hijos y alumnos de superdotados no detectados e insatisfechos[22] pueden sufrir a causa de ello, especialmente si también son superdotados, pues el adulto suele perseguir y castigar en los niños las actitudes por las que él fue castigado o acosado (y que considera causantes de su infelicidad), sin ver que, tratando así de evitar desdichas a los niños, lo que hace es contribuir a ellas.

El acoso puede causar trastornos mentales a la víctima (estrés postraumático, ansiedad, depresión, etc.). Aparte de ello, ha habido superdotados que han acabado en manicomios sin haber padecido nunca psicosis (por más que haya casos en que sí la padezcan). Y no pocas veces se ha confundido a superdotados con infradotados. Si es posible tal confusión en profesionales de la salud mental, mucho más fácil debe de ser para niños ignorantes tomar a un superdotado por lo que no es y acosarlo de modo que él mismo acabe creyéndose los insultos.

Es triste que un niño sepa que otros le escupen e insultan porque envidian su inteligencia, pero es infinitamente más triste que

---

[22] Por necesitar "algo" que no saben qué es ni dónde está, y ver una sociedad humana que les repugna moralmente.

crea ser realmente un "subnormal de mierda", y que por eso sus compañeros le tratan así, y los adultos piensan que algo habrá hecho para merecer ese trato.

En contra de la creencia general, los superdotados completos[23] no se creen instintivamente superiores a la mayoría. Al principio, se creen uno más, y sólo quieren ser eso. Pero pronto los demás empiezan a marcar distancias porque notan diferencias, y él no sabe a qué se debe el rechazo, que puede llegar a convertirse en acoso, sobre todo si insiste en acercarse a un grupo en el que no es admitido de buen grado. Si no obtiene unas calificaciones fuera de lo común, nunca se le ocurrirá pensar que es muy inteligente (incluso si las obtiene de vez en cuando, puede llegar a pensar que se trata de "suerte").

---

[23] Los superdotados parciales izquierdos sí pueden ser arrogantes y tender el efecto Dunning-Kruger, ya que, fuera del Ci, son completamente normales.

12. CONSECUENCIAS PARA LA SOCIEDAD

Se suele creer, y más respecto a los superdotados, que las consecuencias del acoso afectan sólo a las víctimas y a sus familias, o sea, sólo a unos pocos individuos, cuyo ínfimo número hace insignificantes las pérdidas derivadas que puedan repercutir en la sociedad.

Se hace como si el fracaso vital de algunos superdotados no implicara más que la posible pérdida temporal de unos inventos y descubrimientos que, de todos modos, llegarán más adelante, ya que nadie es imprescindible, y los cerebros son un recurso renovable. Según esta óptica, no tiene importancia objetiva que unos pocos superdotados se malogren, pues, al fin y al cabo, la humanidad siempre está sobrada de inteligencia, como prueba el crecimiento exponencial de la tecnología. A ello se añade la idea de que no son realmente inteligentes quienes tienen problemas emocionales (por más que éstos se deriven de su insatisfacción intelectual y moral) o socioeconómicos, ya que, en tal caso, sabrían resolverlos sin ayuda.

Estas actitudes se basan en una combinación de errores que contribuyen al acoso y son reforzados por él:

- Creer que la superdotación consiste sólo en un elevado CI (otras capacidades "no son inteligencia").

- Creer que, con esfuerzo, el potencial siempre coincide con el rendimiento (malas notas, gandul o tonto).

- Creer que los superdotados son un grupo homogéneo, y por ello intercambiables y sustituibles. Unos pocos fracasados no importan: hay superdotados "de los de verdad" (CI puro, ganadores natos, sin necesidad de ayuda) más que de sobra para el complejo tecnológico-empresarial-financiero-político-militar.

- Creer que la única inteligencia realmente valiosa es la que produce ganancia material a corto plazo: todo interés en otras cosas es inútil, y, en un niño, señal de que es tonto.

El acoso, a su vez, refuerza estas actitudes al erigirse en una pretendida guerra contra los tontos: nadie ha detectado su CI, sacan malas notas, no usan su inteligencia para aprovecharse de otros, o ni siquiera para defenderse del acoso (de lo cual se deduce que no la tienen), se interesan por cosas a las que nadie más da importancia, no dan prioridad absoluta lo más importante de la vida (lo que da dinero, fama, poder, prestigio), etc.

Es así como <u>el acoso define lo que se tiene por inteligencia en la sociedad</u>. Esta imagen de la inteligencia (que incita al acoso y a la vez es reforzada por él) crea un paradigma social y moral muy peligroso que puede acabar con la especie humana si se lleva hasta las últimas consecuencias[24], o hasta con sólo, simplemente, dejarlo coexistir con el avance tecnológico imparable.

---

[24] Como ha ocurrido repetidamente a lo largo del siglo XX (guerras mundiales, dictaduras).

13. PARADIGMAS SOCIALES SEGÚN LOS TIPOS DISTRIBUTIVOS DE CAPACIDADES

Este capítulo es un experimento mental sobre las consecuencias que tendría el que la mayoría de la población tuviera elevadas unas determinadas capacidades y no otras. El objetivo es mostrar diversos modelos de sociedad, a fin de que el lector vea a dónde pueden llevar ciertas tendencias si se hacen extremas, o si se extienden hasta hacerse mayoritarias, o, en caso de que ya lo sean, qué puede ocurrir si perduran en el tiempo.

Cada uno de los distintos tipos y niveles de inteligencia dará lugar, si se hace mayoritario, a un tipo de sociedad determinado. Las diferencias no son sólo cuantitativas (todas las capacidades más o menos altas o bajas, una sola capacidad más o menos alta o baja), sino también distributivas y cualitativas: no es lo mismo una población cuya mayoría tenga elevadas la mitad de sus capacidades (y el resto de ellas medio o bajo) que otra población que tenga elevadas precisamente las capacidades que la primera tenga bajas, y viceversa.

Todas las capacidades bajas

Una población cuya mayoría tenga todas sus capacidades bajas no sólo tendrá un modo de vida primitivo y cometerá errores con frecuencia, sino que, además, su conducta será brutal, impulsiva, y su mentalidad centrada en las apariencias y en lo inmediato. Las emociones serán egoístas y superficiales. En semejante sociedad, personas con una inteligencia completa elevada serían despreciadas. Tan sólo suscitaría cierta admiración envidiosa y sumisión de conveniencia la fuerza bruta, y con ella la astucia sin escrúpulos propia de la superdotación parcial izquierda "pura", con baja o nula sensibilidad empática.

Sólo CI elevado

Muy distinto del antes descrito sería un mundo donde la mayoría fuera superdotada parcial izquierda. Obviamente, habría mucha más tecnología y organización, pero el aspecto ético no diferiría mucho del de la población con todas sus capacidades medias o bajas (siendo alto tan sólo el CI, la sensibilidad empática podría seguir siendo media o baja, incluso nula), con el agravante del uso de la tecnología para propósitos dañinos. En semejante sociedad, la crueldad, en lugar de ser brutal e impulsiva, sería fríamente calculada, con todo el conocimiento avanzado al servicio del horror. Las pasiones del egoísmo, tan irracionales como cualquier otra cuando van más allá de la supervivencia y el bienestar, tendrían el disfraz hipócrita de la racionalidad pura y objetiva. Cualquier forma de inteligencia no parecida a la inconsciencia maquinal ni al egoísmo absoluto sería tenida en tal sociedad por "no inteligencia". Los líderes naturales de tal población serían los psicópatas de más alto CI y totalmente carentes de sensibilidad empática, vista como la más rastrera debilidad. Es cierto que hay superdotados parciales izquierdos con sensibilidad empática normal[25], aunque no sea alta; pero, al no poder competir así con los que juegan sucio, o serían derrotados, o tenderían a desensibilizarse y a imitar a los vencedores, tendencia también muy común entre los sujetos de capacidades medias y bajas.

---

[25] De hecho, la gran mayoría de ellos.

Lejos de los ejemplos anteriores, una mayoría de superdotados parciales derechos tendría profundos ideales, gran sensibilidad, intuición y creatividad, pero serían poco racionales, tendentes al pensamiento mágico, la fantasía y la superstición, y por ello muy vulnerables al engaño (incluso al autoengaño) y fáciles de manipular psicológicamente. Bastaría una ínfima minoría de superdotados parciales izquierdos psicópatas para dominarlos, esclavizarlos y llevarlos al fanatismo. Muy fácilmente podrían hacerles creer cosas absurdas y, como advirtió Voltaire, llevarles a cometer atrocidades, incluso autoinmolarse. Un lavado de cerebro[26] masivo es, con superdotados parciales derechos, mucho más fácil que con sujetos con todas sus capacidades medias o bajas.

---

[26] Pese al secretismo del que se rodea, lavar cerebros es fácil. A los superdotados completos se les hace apelando a su parte emocional y volviéndola contra la racional de modo que ésta se anule. A los superdotados parciales izquierdos (sólo CI) y a los sujetos de capacidades medias con baja sensibilidad, se les busca la parte emocional en el egoísmo. Con los de bajas capacidades se emplea la fuerza bruta (tipo doma animal), engaños y amenazas. A corto plazo se usa la tortura, y a medio plazo, la seducción, difícil de descubrir y fácil de usar colectivamente. El concepto básico es dividir la mente y hacer que sus facultades se anulen unas a otras.

En una sociedad de superdotados parciales derechos, si hubiera superdotados completos, éstos serían rechazados por su racionalidad: sus pensamientos, que no serían comprendidos, se verían como fríos, anodinos, innecesariamente complicados, cobardes y hasta malvados (por "amenazar la fe" o "hacer perder la magia de la vida"). En cambio, los superdotados parciales psicópatas tendrían facilísimo hacer pasar lo más extremadamente complejo por simple, fingir un apasionamiento y una fe infinitos, y conectar mágicamente el universo entero: basta con no tener unos escrúpulos que obliguen a mostrar la verdad, y con aplicar la racionalidad al arte del engaño. Por ello el líder natural de semejante sociedad sería el superdotado parcial izquierdo psicópata, o, en su defecto, un superdotado parcial derecho con suficiente carisma emocional, y que podría ser psicótico.

Todas las capacidades medias

Una sociedad cuya mayoría tuviera todas sus capacidades medias tendría una civilización más avanzada que si las tuviera todas bajas. Pero si lo que está a nivel medio es el CI, y lo demás está bajo o muy bajo, dicha sociedad no será éticamente mejor que una con todas sus capacidades bajas. Para que ello no fuera así, su capacidad ética debería estar mucho más cerca de la excelencia que de la carencia, es decir, estar por encima de la media. Una mayoría con CI medio es fácilmente controlable por una minoría de superdotados parciales izquierdos, y mucho más fácilmente aún si éstos son psicópatas, pues no tendrán escrúpulos a la hora de mentir y entrampar. Además, si la sensibilidad empática de la mayoría está más cerca de la escasez que de la excelencia, dicha mayoría tenderá a admirar e imitar a los psicópatas, y eso llevará a los psicópatas de más CI al liderazgo efectivo. De existir superdotados completos en semejante sociedad, serían despreciados, tanto por la mayoría (tendente al efecto Dunning-Kruger) como por los superdotados parciales izquierdos. Los superdotados parciales derechos serían despreciados, y quizá utilizados como señuelo para dominar a determinados grupos.

Todos los modelos de sociedad mencionados hasta ahora comparten ciertas características:

* En todos ellos la mayoría de la población tiene unas capacidades que, si son altas, nunca son todas, ni la mayoría de ellas (inteligencia elevada parcial, o totalmente media o baja).

* En todos ellos el líder natural es el superdotado parcial izquierdo psicópata (alto CI, nula sensibilidad empática).

* En todos ellos se rechaza la superdotación completa (demasiado racional para unos, demasiado emocional para otros, demasiado rara y poco simple para otros, etc.).

El único modelo de sociedad no descrito aún es el que tendría una población cuya mayoría fuera de superdotados completos o bilaterales. Ello implica que la sociedad, tal y como es en el mundo real, habrá quedado más o menos reflejada en alguno de los modelos ya descritos. Averigüe el lector cuál de ellos coincide más con la realidad.

14. QUÉ PARADIGMA ESTAMOS FAVORECIENDO

El acoso, y particularmente el acoso a superdotados no hace sino reflejar ciertas tendencias generales de la sociedad, a la vez que las refuerza. El problema de nuestra especie es la "alergia", o quizá la fobia, a la inteligencia completa, como prueba la persecución de sus portadores a lo largo de toda la Historia, y el que la cultura (las culturas) haya procurado escindir la mente y mantener una parte u otra de ella "pura" y en guerra con el resto de la mente.

La inteligencia completa[27] no da dinero rápido, ni victorias fáciles, ni respuestas simples, ni poder para dominar a otros. No favorece el egoísmo ni el tribalismo. Por eso la especie humana, en su mayoría, no la quiere ni le interesa.

Dado el apego de la humanidad por la mente escindida, deberíamos recordar que el método de control mental para lavar el cerebro consiste en

---

[27] Lo que se define como superdotación en la Guía Científica de las Altas Capacidades. Véase la *Guía Científica de las Altas Capacidades*, de la Organización Médica Colegial.

la anulación de las facultades mentales haciendo que unas luchen contra otras. Destruida la personalidad a base de dividir la mente, el dominador puede utilizarla para sus propósitos, incluido el asesinato. Incluso en el método "suave" de control mental de masas por seducción, se trata de que ciertas facultades mentales se desconecten de las otras. Divide y vencerás. El gusto por dividir, vencer y esclavizar lleva a odiar la inteligencia completa unida, y mucho más si es alta.

Por desgracia, sólo las mentes más completas de nuestra especie pueden evitar que ésta se autodestruya. Pero preferimos escupirlas, insultarlas y patearlas, por no hablar de cosas infinitamente peores.

Las guerras y tiranías son un hecho natural (no las causan dioses, ni fantasmas, ni brujos), y son algo normal en la especie humana (no un rarísimo fenómeno que ocurra una vez cada cuatro milenios) como prueban la Historia y las noticias diarias. Es cierto que todas las atrocidades humanas, sumadas a pestes y cataclismos, no han logrado extinguir una especie que aún se estima demasiado numerosa para el ecosistema planetario. Pero resulta que la única inteligencia valorada de modo significativo por esta especie ha creado la posibilidad real de destruir toda la vida del planeta, lo cual no era posible en otros tiempos.

Quizá, antes de plantearnos mejorar nuestra inteligencia con chips, deberíamos dejar de maltratar a quienes tienen sin chips la inteligencia que necesitamos (y que no es el victorioso CI aislado de toda otra capacidad).

Si no soportamos que otro sea más inteligente que nosotros (o siquiera igual, si no es de los "nuestros"), ¿cómo no vamos a acosarlo? Y si le creemos idiota o loco, ya no hace falta decir más.

Ya sea por envidia o desprecio, acosando a los superdotados favorecemos el paradigma según el cual la única inteligencia valiosa es aquella que permite aprovecharse de los demás, dominarlos o hasta destruirlos: el paradigma psicópata.

Salvo aquellos que son fuente de dinero y poder ("esos sí son inteligentes"), se cree que los superdotados no valen nada, y se hace que sus vidas no valgan nada. Por eso no se obtiene nada de ellos, lo cual "confirma" la creencia inicial.

El progreso científico y técnico, abandonado a la propia lógica del poder, lleva necesariamente al sometimiento de la sociedad a un paradigma psicopático, como demuestran ejemplos a lo largo de toda la Historia, pero se hace especialmente evidente en las guerras y dictaduras del siglo XX, en las que la ciencia, la tecnología y la alta cultura erudita no estaban reñidas con las peores atrocidades.

El mayor error de la humanidad está en preferir la inteligencia parcial a la completa, pues con esto la especie humana se coloca bajo el liderazgo de dos extremos: la razón sin ética y la ética sin razón, que se suceden históricamente en una terrible ley del péndulo.

La inteligencia elevada parcial tiende a la polarización, y ésta atrae a las mentes propensas al simplismo. Los pocos frutos de la inteligencia completa que ven la luz son pronto anulados por la acción de las inteligencias parciales, que una veces los hacen instrumentos del fanatismo y las creencias irracionales, y otras veces los convierten en negocios fraudulentos o en instrumentos de dominación, cosas que nunca estuvieron en su propósito original.

Fue un gravísimo error creer que el fin del dominio de la ética sin razón traería el paraíso mediante el progreso material, pues, como no se valoraba la inteligencia completa, la "razón" sin ética tomó el relevo. "Se acabaron las hogueras para herejes, las censuras y los límites, ahora todo será libertad y prosperidad", se creyó. Pero llegaron otras hogueras, otras censuras y otras torturas. El paradigma psicótico se había transformado en psicópata, o mejor dicho, había revelado la verdadera naturaleza de su elemento dominante[28]. Y llegó el Holocausto, y también los horrores cometidos en nombre del comunismo, y también las atrocidades perpetradas supuestamente para defender la libertad contra éste (y la historia sigue).

El único modo de evitar la mortal y falsa dicotomía entre la razón y la ética es la inteligencia completa. Una inteligencia completa

---

[28] El núcleo psicópata de la sed de poder, disfrazado hasta entonces con las creencias, valores, ideales, etc., usados para alienar ("no razones, obedece").

elevada, que no es leyenda ni ciencia ficción, sino que forma parte de las capacidades naturales de la especie humana, sólo que, como muchísimas otras características que puede tener un ser humano (estatura superior o inferior a la media, pelo rojo, albinismo, ojos violeta, cada ojo de un color distinto, etc.), no es mayoritaria. Que algo no sea mayoritario no implica que sea bueno o malo, y tampoco implica que no exista, o que su estudio sea una pseudociencia.

Necesitamos la inteligencia completa y elevada, no para que nos gobierne[29], sino para extraer de su estudio minucioso unos nuevos valores (o la aplicación efectiva de valores antiguos nunca practicados por la mayoría) que nos alejen tanto del apego a creencias irracionales que llevan a la esclavitud voluntaria (incluso a matar o a morir por ellas) como de la "razón" desprovista de ética, ya consista ésta en dejar que las máquinas dirijan nuestra mente y nuestra vida, o

---

[29] Eso es inviable: los superdotados completos son demasiado pocos y además no desean el poder para dominar a otros (por lo que se cree que no son inteligentes). Además, casi nadie estaría dispuesto a obedecerles.

en dejar que lo hagan psicópatas, o en convertirnos en psicópatas por egoísmo y desensibilización. Quede claro que la "razón" esclava del egoísmo puro ("sin sentimientos que la debiliten") no es, como se ha querido hacer creer, una razón pura y objetiva, sino una gobernada por pasiones egoístas, tan subjetivas como las del altruismo.

No se trataría, en este caso, de estudiar a los superdotados para ayudarlos, sino de estudiar un tipo concreto y escaso de superdotados para que ellos (o el conocimiento que obtengamos de ellos) nos ayuden.

No se trata de meterlos en laboratorios (eso ya se hizo como parte de la lucha psicópata por el poder, sin dudar en torturarlos y matarlos).

Ni siquiera se trata de examinarlos como individuos para ayudarles de verdad (eso ya se hace, en lo posible, por iniciativa de familias afectadas y profesionales especialistas, sólo que harían falta más recursos).

En este caso se trata de **utilizar también de un nuevo modo la información existente**, tanto la literatura sobre el tema, como la información que poseen las asociaciones y los psicólogos especialistas (debidamente anonimizada), además de los nuevos conocimientos en neurociencias. También el estudio de casos históricos puede revelar datos importantes, sobre todo a nivel sociológico.

Necesitamos estudiar a fondo las ideas, sentimientos, conductas y actitudes de los superdotados completos para poder cultivar y aplicar extensivamente aquellos que resulten beneficiosos, y distinguir los negativos, que también los hay, para esclarecer y prevenir sus causas. Para ello es vital saber reconocer el funcionamiento óptimo de la superdotación completa y distinguirla claramente de aquellos factores que interfieren con él deformándolo o anulándolo; es extremadamente raro encontrarlo sin ellos, si acaso es posible (lo es tan sólo en teoría, podríamos decir), por lo que habrá que proceder por aproximaciones.

Los superdotados completos no son invulnerables, sino todo lo contrario, y además están rodeados de factores adversos. Por si ello fuera poco, también pueden ser víctimas de aquellas circunstancias que ya serían muy gravemente dañinas para sujetos con una sensibilidad normal. Tales circunstancias extremadamente adversas pueden llevarles a conductas y actitudes disfuncionales, nocivas para ellos mismos y para otros (todo tipo de adicciones, autolesiones, dependencias emocionales tóxicas, pesimismo extremo, autoconcepto pésimo, suicidio, etc.), lo cual no es óbice para que además den, mezclados con las ideas y conductas perjudiciales, los frutos propios de su tipo de inteligencia. Por ello habrá que evitar tanto la imitación como el rechazo sistemáticos[30] de sus conductas e ideas, procediendo, en su lugar, a un estudio concienzudo de las mismas, y diferenciando bien las beneficiosas de las nocivas en un mismo individuo (se puede ver un ejemplo extremo en el Anexo).

Deberá tenerse en cuenta que lograr un funcionamiento de la inteligencia completa elevada que se aproxime al grado óptimo requerirá crear un ambiente adecuado para ello, no pudiendo esperarse en uno donde los superdotados deseen desaparecer o sufran acoso.

---

[30] Por ejemplo: "Esto lo hace un superdotado, hagámoslo todos", o "Esto es necesariamente malo porque lo dice un superdotado con problemas graves".

15. EL PARADIGMA DE LA INTELIGENCIA COMPLETA

La inteligencia completa, unida y elevada nunca ha sido una característica mayoritaria. Pero se puede entrever cómo sería aproximadamente una sociedad en la que lo fuera, partiendo de las características, actitudes y conductas de los superdotados completos, ("superdotados", en la nomenclatura vigente) que, aunque son muy pocos, su existencia está científicamente documentada. Las únicas discusiones al respecto provienen de que hasta ahora se les ha mezclado con superdotados parciales (sólo en CI, "talentosos") que no tienen todas sus características, y en algunos aspectos pueden tenerlas opuestas.

Se sabe que el núcleo de la mente de los superdotados completos se compone de una alta capacidad racional y cognitiva fusionada a una alta sensibilidad emocional, en la que sobresale la sensibilidad empática. A partir de la acción conjunta de estos elementos se pueden examinar las actitudes del superdotado completo hacia los hechos que constituyen los ejes de la vida humana, e imaginar cómo sería el mundo si los tuviera la mayoría:

El poder

El superdotado completo ve el poder destructivo (hacer sufrir, invalidar, matar) como algo vulgar, que tienen hasta los gusanos y los virus, por lo que tal poder no hace noble ni superior a quien lo tenga.

Desde su óptica, tan sólo es verdadero poder uno creador y benéfico, que, a diferencia del destructivo, no lo tiene cualquiera (cualquier idiota con un martillo o una piedra puede destrozar cosas y hacer daño, pero construir cualquier cosa o curar sí requiere inteligencia).

A diferencia de casi todo el resto de tipos humanos, no quiere ser el único en tener el poder benéfico, sino que desearía que lo tuvieran todos.

La autoridad

El superdotado completo sabe que se necesita orden para convivir y organización para trabajar con eficacia, pero ve el dominio de unos seres humanos por otros como absurdo.

No quiere ser dominado porque no lo necesita para cumplir con su deber, pero tampoco soporta la idea de dominar él a otros (a diferencia de la sed casi universal que el ser humano tiene de ello).

Le parece absurdo que se necesite la coacción, ya que, para él, basta la comunicación razonada.

Necesita conocer las razones intrínsecas de las normas, no meramente la "razón" de la fuerza: por qué o para qué se debe hacer o no algo, no quién lo manda y con qué amenaza. No cuestiona para minar la autoridad ni para derribar, desafiar o tomar el poder: tan sólo pregunta para conocer, para saber.

Reconoce sólo aquella autoridad que sea a la vez moral e intelectual, es decir, la de quienes demuestran ser a la vez más justos, buenos y sabios (su mente no concibe una autoridad que sea sólo por convención o por la fuerza).

No necesita premios ni castigos para cumplir normas basadas en la razón y la bondad.

No acepta normas en las que falte la razón, la bondad o ambas.

Ve absurdo que haya que imponer el orden, porque él no necesita la imposición: le basta el saber por qué es bueno ese orden.

Como gobernante, si se le obliga a serlo, puede cometer el grave error de hacer como si la mayoría tuviera una alta capacidad ética (no la normal), por lo que se les considera gobernantes débiles e ineptos, o hasta corruptos (por no prever que muchos aprovecharán la falta de vigilancia para dar rienda suelta a la codicia, etc.). Es lo que se concluye de ciertos reinados antiguos, en los que el soberano confió demasiado en su pueblo, sus funcionarios, sus aliados y sus dioses

La inteligencia

Cree que la inteligencia, como la fuerza física o cualquier otra ventaja, puede y debe usarse en beneficio propio y ajeno, es decir, para ayudar, no para dañar pudiendo evitarlo.

No ve la inteligencia como el derecho a estar "por encima" de nadie ni para considerar a nadie como "inferior" (con menos derechos o dignidad).

Es capaz de reconocer la inteligencia de otros, incluso considerados inferiores por la mayoría. No suele ser tan bueno reconociendo la suya propia (es más consciente de lo que ignora que de lo que sabe, ve más sus propias deficiencias que las ajenas y además el entorno le ve como inferior por ser diferente).

A diferencia de la mayoría y de los superdotados parciales, los completos desearían que todo el mundo fuera tan inteligente o más que ellos.

El conocimiento

Desea el conocimiento tanto como medio para lograr cosas beneficiosas y evitar las perjudiciales como por las emociones que el conocimiento le produce (por la belleza, porque conocer es conectar la mente con el mundo, etc.).

Antepone los resultados directos (para la ciencia, la verdad, el progreso, etc.) del conocimiento, y las emociones generadas por él, a los resultados indirectos (dinero, fama, prestigio, poder), que suelen ser prioridad absoluta para otros.

El conocimiento le emociona, y las emociones le generan conocimiento y sed de más conocimiento (lo que se ha llamado "conocimiento como fin en sí mismo", es, en realidad, conocer por las emociones que ello produce)

La verdad

El superdotado completo odia mentir, y sólo lo hará, muy a pesar suyo, para protegerse o proteger a otros de un peligro.

No podría vivir en un juego de hipocresías continuas, a no ser para salvar vidas (no podría, por ejemplo, para ascender socialmente).

Odia tener que ocultar hechos e ideas que no perjudican a nadie sólo porque que ofenden debido a prejuicios absurdos.

Tiene el "defecto" de reconocer sus faltas (por lo que se le suponen muchas más y peores, ya que la mayoría los oculta y disimula).

Tiene el "defecto" de no exagerar sus virtudes y logros (lo que hace que se dé por sentado que son mucho menores, ya que la mayoría los exagera).

No sabe fingir sentimientos si no está en un escenario (representándolos, no mintiendo), y como actor lo consigue sólo contagiándose de ellos.

Encuentra absurdo que la norma social sea que haya que fingir constantemente y que nadie soporte la verdad (y no sólo si es desagradable, pues, cuando es agradable, tampoco es creída: decir verdades no hirientes se considera mentir).

Encuentra absurdo el apego a mentiras como base de la moral y la cohesión social (por lo que suele ser proscrito en todas las civilizaciones aunque no sea violento).

No carece de fantasía. De hecho, la tiene mucho más desarrollada y emocionalmente intensa que los sujetos normales, pero no la confunde con la realidad (ambas cosas se le recriminan).

No cree algo sólo porque le resulte agradable.

Cree cosas que le desagradan profundamente si las percibe como reales.

Cuando una idea es buena y no es suya, reconoce que es buena (aunque sea de un enemigo) y que no es suya, aunque cree que las ideas no son propiedad de nadie (otra cosa es el trabajo de darles aplicación).

Le parece absurdo el tribalismo (el propio grupo con la exclusiva del bien y los otros con la del mal).

No identifica el amor con la mentira y la ceguera, sino con todo lo contrario. Por ejemplo, no cree que X sea más guapo o inteligente que otros sólo por querer a X más que a nadie en el mundo, ni cree que sea bueno tratar de animar a Z mintiéndole o exagerando sobre las buenas cualidades de Z, ya que ve la creación de falsas expectativas como una cruel estafa.

La ética

El superdotado completo no necesita premios, castigos, leyes ni presión social para tener una ética mucho más exigente incluso que la basada en todas estas cosas.

No es necesariamente ateo, pero el premio y el castigo eternos no son los motivos principales (y mucho menos los únicos) de su ética si es religioso, y ésta no desaparece ni disminuye si es ateo.

Su ética se basa en la acción conjunta de la razón y la sensibilidad empática (sin prescindir jamás de ninguno de estos elementos).

Se les ha considerado inmorales o amorales por seguir antes la combinación de la razón y la sensibilidad empática que los códigos preestablecidos (leyes, tradiciones, religiones, ideologías, tribalismos).

Su sentido ético suele ser extremadamente precoz, aunque no suele verse como tal sino todo lo contrario: una actitud desafiante que cuestiona las órdenes y las normas (cuando sólo trata de aprender por qué son buenas).

Su ética no suele ser creída, al carecer del foco egoísta sin el cual la mayoría no la concibe ("nadie es así, seguro que es hipocresía"), o se ridiculiza como debilidad o falta de inteligencia.

Cree lo que ve que se ajusta más a la verdad, aunque le cueste el ostracismo y la persecución de quienes le rodean.

Estas características se dan más en unos sujetos que en otros, pero constituyen, en su conjunto, los rasgos distintivos de la superdotación completa. Suelen tildarse de imposibles, inexistentes, inhumanos e indeseables, pero está probado que existen y son la única forma de contrarrestar el paradigma de suma cero que se ha visto favorecido por las inteligencias medias y por las inteligencias altas parciales.

.

16. DISIPANDO TEMORES Y SEÑALANDO ESPERANZAS

La única esperanza de mejora significativa del ser humano sin transhumanismo (convertirnos parcialmente en robots) son los superdotados completos. Lo que es más: de ellos depende la supervivencia de la especie humana, al menos si no se quiere distópica.

De nada sirve un infinito progreso tecnológico, si éste se orienta principalmente a lo de siempre: la guerra, las luchas por el poder, el egoísmo, el afán de dominar a otros, de esclavizar, torturar, matar, llevar todo ese horror a otras zonas del universo, etc.

¿Tememos acaso que los superdotados completos se apoderen de nuestro mundo "normal" y nos traten como nosotros a ellos?

Mucho más deberíamos temer el que lo hicieran los superdotados parciales psicópatas (alto o altísimo CI, nula sensibilidad empática, nula capacidad ética, egoísmo puro). Pero no sólo no tememos su dominio, sino que lo aceptamos con sumisión zalamera y hasta les imitamos tanto como podemos en cuanto surge la ocasión:

es por eso que dominan el mundo[31] desde el origen de la humanidad hasta ahora mismo, desde los caníbales paleolíticos hasta los dictadores del siglo XX (Hitler, Stalin, etc.) y sus sucesores, pasando por las tiranías antiguas, los horrores medievales, etc., etc. Al lado de esto, ¿qué van a hacernos unas personas que ven sus propios defectos mucho más que los ajenos, que odian mentir y mentirse, y que ven tan absurdo el dominar a otros como el ser dominado por ellos? Además, no se trata de que manden (para empezar, no querrían), sino de aprender de ellos cómo podemos mejorar todos.

Depender de algún modo de los superdotados completos (o, más bien, de lo que decidamos hacer con ellos) no debería despertar otros temores que su escasez (minoría dentro de una minoría), lo mal que los conocemos[32] y lo hostil contra ellos que es el mundo que les rodea, que

---

[31] No se trata de una conspiración, sino de la interacción de sus características con las de la mayoría. Pura interacción socio-lógica.

[32] Los confundimos con infradotados y con enfermos mentales, y, en el mejor de los casos, los mezclamos con superdotados parciales (sólo alto CI, resto de capacidades normal o inferior, o bien PAS de CI normal), cuando sus características y necesidades son distintas y hasta opuestas.

incluye el desprecio y el acoso con que no pocas veces les obligamos a odiarse a sí mismos.

No necesitamos transformarnos en híbridos semi-robóticos (transhumanos) para mejorar la inteligencia de la especie: ¡ya tenemos superdotados naturales y los desperdiciamos!

Además, cualquier aumento a base de chips sería tan sólo de algunas capacidades, no de todas. Hasta ahora, todo intento de diseñar tales "mejoras" (asuntos médicos aparte) se ha hecho pensando sólo en el CI y algunos tipos de memoria, y no pocos se han planteado suprimir las emociones (y con ellas la sensibilidad empática, la capacidad ética y la de toma de decisiones) o programarlas (el problema está en saber quién las programará: puede ser una máquina o un ser humano malvado).

Aumentando el CI, la rapidez y la memoria sin aumentar nada más, tan sólo tendríamos más de lo mismo (para eso, ya tenemos Internet). Pero hacer esos aumentos suprimiendo lo "no racional" daría lugar a psicópatas hiperdotados, o, si no tienen capacidad de decisión, a meros robots parcialmente biológicos[33] que se podrían usar como asesinos teledirigidos[34]: ¿de veras queremos más de lo mismo, llevar el paradigma psicópata al infinito?

No hace falta crear ningún "hombre nuevo" ni esperar que llegue en el futuro: los superdotados completos están aquí, han estado siempre, y no son alienígenas, ni seres sobrenaturales, ni elegidos de seres sobrenaturales. No son artificiales ni de laboratorio: pueden nacer espontáneamente en cualquier familia. No son "de otra raza", porque los hay en todas ellas, de todos los colores, etnias y estratos sociales (y, por supuesto, de ambos sexos). Por desgracia, en todos los grupos humanos son minoría, y en todos, en mayor o menor medida, se confunden con lo que no son, se desprecian y se acosan.

---

[33] Ya hay quienes los desearían como armas, siempre que pudieran controlarlos; tales deseos llevan la marca del psicópata.

[34] Hasta ahora, esto se ha hecho, durante milenios, con "robots" enteramente biológicos (muy baratos pero no tan fuertes y eficaces), mediante el control mental sectario.

El hecho de que existan personas con capacidades por encima de la media, y que las capacidades tanto tiempo tenidas por incompatibles no sólo no lo sean sino que puedan reforzarse mutuamente en algunas personas, debería ser motivo de optimismo: la media no es el máximo del potencial del ser humano, ni en cuanto a CI ni en cuanto a capacidad ética, y no estamos condenados a una guerra interna entre nuestras facultades mentales ("si soy bueno no soy listo" y viceversa). Lo sabemos gracias a los superdotados completos. En vez de ignorarlos o maltratarlos, ¿por qué no los aprovechamos de forma beneficiosa para todos, incluidos ellos?

ANEXO

Un caso de complejidad extrema

D. fue un superdotado completo, malogrado por haber sufrido en su infancia abusos sexuales y torturas por parte de quienes debían instruirle moralmente (y enseñarle la bondad, e incluso la pureza y santidad celestiales) en un tiempo en el que no existía ayuda psicológica alguna y se culpaba siempre a las víctimas.

D. creció y se hizo escritor. En gran parte de su obra, muchos pensamientos excelentes y hasta geniales se encuentran ahogados, rodeados por una descripción obsesiva de torturas y actos obscenos, llevados hasta los últimos extremos del horror.

La conducta de D. fue éticamente excelente justo cuando no podía aportarle ningún beneficio personal (y con gran riesgo para su vida, salvando la de otros), aunque siguió desahogándose de su dolor mediante la escritura de horror pornográfico.

En su juventud había llevado una vida de escándalos sexuales por los que había sido encarcelado varias veces, y que incluyeron algolagnia (sadomasoquismo) y agresión a una mujer, aunque sin llegar jamás a los extremos que se le atribuyen[35].

Puede parecer obvio que, en este caso, sería muy peligroso darlo todo por bueno o por malo, pero se ha hecho algo mucho peor: muchos han visto la suprema libertad y el supremo placer de D. en lo que no fue sino la expresión de su infinito dolor, y así le han hecho bandera de la "libertad" absoluta, glorificando la maldad más extrema, a la que han dado su nombre, haciendo realidad crímenes que D. jamás cometió aunque escribiera extensamente sobre ellos. Mientras, otros denigran sistemáticamente a D. no sólo por sus conductas indeseables y sus escritos horrendos, sino, sobre todo, por aquellas de sus ideas y aquellos de sus actos en los que mostró una inteligencia y una capacidad ética muy superiores a los de la mayoría, considerando éstos mucho peores que toda la violencia y la obscenidad que describió.

---

[35] Confundiéndole con sus personajes literarios malvados, sin base histórica ninguna en su biografía.

Se confundió a D, con un psicópata por su descripción exacta de lo que siente y piensa un psicópata[36], aunque también describió, con la misma exactitud y grado de detalle, todo lo contrario (lo cual, generalmente, se ignora).

Algunos superdotados tienden a expresar su dolor con la apariencia del placer si el sufrimiento alcanza cotas que desbordan su capacidad de expresión normal e incluso de inexpresión "helada". En estos casos, pueden tratar de ahogar su dolor justo con aquello que lo causó (en D., los excesos sexuales, habiendo sido víctima de pederastia) y buscar el dolor físico como expresión del psicológico, lo cual explica también gran parte de los casos de autolesiones que hoy se observan en niños y adolescentes.

Otra característica de los superdotados completos que destaca en D. y que también se ha visto como un rasgo psicopático es su capacidad para llevar un razonamiento (sobre cualquier hecho o idea, bueno o malo) hasta las últimas consecuencias lógicas, lo cual no todas las mentes son capaces de soportar.

---

[36] Se distingue de ellos al mostrar conductas altruistas sin ningún posible beneficio egoísta, cosa imposible en psicópatas.

D. llegó a decir, hablando de Rousseau, que un hombre a la vez muy inteligente y sensible es algo que no se encuentra dos veces en un siglo. Por suerte, exageraba, pero ésa es la sensación cuando a la escasez numérica se añade el aislamiento (debido a que la mayor parte de ese exiguo número es, por un lado, ignorada, y, por otro, forzada a ocultarse).

Extracto de:

Ver Bibliografía (*), pág. 149.

GLOSARIO

Términos de la Teoría de los Tipos
Distributivos de Capacidades

Superdotación completa

Todas las capacidades (o su mayoría) por encima de la media, incluyendo las que mide el CI y las que no, (como la creatividad, la intuición, etc., y distintas habilidades ejecutivas, artísticas, etc.), además de incluir siempre una alta sensibilidad emocional (intraindividual y también empática), y una alta capacidad ética. Con frecuencia, también una alta sensibilidad física (sensorial).

En la terminología vigente actual (del Nuevo Paradigma de la Superdotación) equivale a "superdotación", por contraposición a "talento".

Superdotación bilateral

Superdotación completa. Alude al hecho de que, en este tipo distributivo de capacidades, las capacidades elevadas se distribuyen en ambos hemisferios cerebrales, en el sentido de que unas dependen principalmente de un hemisferio, otras del otro, y otras de ambos a la vez más o menos por igual, mientras que en las formas parciales de superdotación (talentos) puede haber un distribución de las capacidades elevadas entre las más dependientes de un hemisferio, estando las más dependientes del otro dentro de la media o incluso por debajo.

Superdotación parcial

Elevación por encima de la media de una sola capacidad o de menos de la mitad de ellas. Si se trata de sólo una o dos capacidades aisladas, superdotación parcial simple (=talento simple). Si son varias, hasta la mitad de ellas, superdotación parcial múltiple (=talento complejo).

Superdotación parcial (múltiple) izquierda

La de la mitad aproximada de las capacidades, siendo en su mayoría principalmente dependientes del hemisferio izquierdo, como el llamado "talento académico" o el que incluye sólo el CI (conjunto de capacidades que, salvo la de percepción espacial, dependen sobre todo del hemisferio cerebral izquierdo). Actualmente se considera un talento complejo.

Superdotación parcial (múltiple) derecha

Elevación por encima de la media de la mitad de las capacidades, distribuida entre las principalmente dependientes del hemisferio derecho. Puede combinar talentos artísticos, creativos y sociales, así como alta sensibilidad emocional, y, a veces, sensorial. Hasta hace poco, no se han considerado estas capacidades como parte de la inteligencia, ya que no entraban en las que pueden ser medidas por el CI, pero gracias a las teorías más modernas (Inteligencias Múltiples de Gardner, etc.) y, sobre todo, a los descubrimientos en neurociencias, esto está cambiando. En la nomenclatura actual se considera un talento complejo.

Superdotación parcial múltiple bilateral

Combina capacidades elevadas en ambos hemisferios (por ejemplo, ciertas habilidades artísticas), pero son menos de la mitad de las capacidades, o bien no incluyen las capacidades principales mayormente ligadas a cada hemisferio (la lógica en el izquierdo, o la sensibilidad emocional o empática en el derecho). De incluirse las capacidades principales (aquellas de las que dependen muchas otras), se hablaría de superdotación completa con lagunas. Talento complejo.

Tipos distributivos de capacidades

Teoría según la cual la distribución de las capacidades elevadas (en cuanto a dependencia principal de ciertas partes del cerebro) y su proporción respecto a las no elevadas dentro de un mismo individuo afecta cualitativamente no sólo al tipo de inteligencia y habilidades que presenta, sino también a su tipo de personalidad. Esto distingue unas de otras las formas parciales de superdotación, y también las distingue a todas de la superdotación completa. Hasta ahora, incluso con el Nuevo Paradigma de la Superdotación, sólo se distingue cualitativamente al "superdotado" (completo) del "talentoso" (llamado aquí superdotado parcial), cuando sería igualmente conveniente distinguir del mismo modo unos talentos complejos de otros.

Altas Capacidades

Elevación significativa de las capacidades por encima de la media. Puede ser una (talento simple), varias (talento complejo) o todas (superdotación).

Nuevo Paradigma de la Superdotación (de la OMC)

Se refiere a la nueva definición multidimensional bio-psico-social de la superdotación, que requiere un equipo multidisciplinar para su evaluación, en vez de, como al principio, evaluar sólo el CI.

Superdotación

Elevación por encima de la media de todas las capacidades o su mayoría. El superdotado se distingue de los sujetos normales y de otros tipos de altas capacidades porque no sólo piensa más cosas más rápido y siente más intensamente, sino que además procesa la información de forma distinta. Las primeras definiciones del término se referían sólo a un CI superior a 130, ahora considerado un talento complejo.

Talento

Se habla de talento cuando existe una capacidad notablemente elevada por encima de la media (talento simple), o varias (talento complejo), sin que sean todas o la mayoría (superdotación).

BIBLIOGRAFÍA

Superdotación

Organización Médica Colegial (OMC): *Guía Científica de las Altas Capacidades.*

***

Acereda, Amparo, y Sastre, Silvia:
La superdotación.
Editorial Síntesis.
Proyecto Editorial Síntesis Psicología, Madrid, 1998.

Acereda Extremiana, Amparo, y López Ruiz, Anna:
La problemática de los niños superdotados.
Editorial Síntesis, S.A. Madrid, 2012.

Adda, Arielle, y Cartoux, Hélène:
Niños superdotados, la inteligencia reconciliada.
Ediciones Paidós Ibérica, S.A.
Colección Guías para padres Paidós, Barcelona, 2005. (Edición original en Odile Jacob, París, 2003).

Alonso Bravo, Juan A., Renzulli, Joseph S. y Benito Mate, Yolanda:
Manual Internacional de Superdotación.
Editorial Eos,
Colección Fundamentos Psicopedagógicos, Madrid, 2003.

Arroyo (Susana), Martorell (Mercè), y Tarragó (Sandra):
La realidad de una diferencia: los superdotados. Diagnóstico, asesoramiento, atención escolar, integración social.
Editorial Terapias Verdes, Barcelona, 2006.

Benito Mate, Yolanda (coord.):
Desarrollo y educación de los niños superdotados.
Amarú Ediciones, Salamanca, 1992.

Carmona, Olga, y Alejandro Busto Castelli
Hijos con alta capacidad: el reto de educarlos.
Plataforma Editorial, Barcelona, 2021

Cladellas i Pros, Enric:
¿Es su hijo superdotado?
Cedecs Editorial, Barcelona, 2003.

Coriat, A.R.:
Los niños superdotados.
Enfoque psicodinámico y teórico.
Editorial Herder,
Colección Biblioteca de Psicología, nº 162,
Barcelona, 1990.

Feenstra, Coks:
El niño superdotado.
Cómo reconocer y educar al niño con altas capacidades.
Editorial Medici, Barcelona, 2004.

Fjernthav, Vann
Superdotados, la clave olvidada de la supervivencia humana.
Amazon, 2017.

Genovard Rosselló, Cándido;
Castelló Tarrida, Antoni.
El límite superior: aspectos psicopedagógicos de la excepcionalidad intelectual.
Editorial Pirámide, Madrid, 1990.

Jacobsen, Mary-Elaine:
Despierte su genio natural.
Editorial Plaza y Janés, Barcelona, 2000.

Sánchez Aneas, Asela.
Altas capacidades intelectuales, sobredotación y talento.
<u>Editorial Formación</u> Alcalá, Alcalá la Real (Jaén), 2013.

Siaud-Facchin, Jeanne:
¿Demasiado inteligente para ser feliz?
Las dificultades del adulto superdotado en la vida cotidiana.
<u>Editorial Paidós Ibérica</u>, Barcelona, 2014.

Sipán Compañé, Antonio (coord.):
Respuestas educativas para alumnos superdotados.
Actas del Congreso Internacional de 1998.
<u>Editorial Mira</u> Editores, Zaragoza, 1999.

Acoso escolar

Iñaki Piñuel y Araceli Oñate

Mobbing escolar: violencia y acoso psicológico contra los niños

Barcelona, CEAC, 2007

María del Carmen Lorenzo Pontevedra y Elisardo Becoña Iglesias

Bulying y Ciberbullying

Madrid, Pirámide, 2022.

Luis Fernando López Martínez (coord.)

Abordaje integral de prevención de la conducta suicida y autolesiva

Madrid, Editorial Sentir (Marcombo) 2023.

https://criarconsentidocomun.com/ninos-de-altas-capacidades-triple-de-posibilidades-desufrir-acoso-escolar/

Artículo de EL PAÍS, 23 de septiembre de 2019 (Olga Carmona):

Así es el acoso escolar que sufren los niños superdotados

Artículo de La Voz de Galicia, 3 de octubre de 2019

La maldición de la inteligencia

https://www.larazon.es/sociedad/soy-superdotado-y-he-sufrido-acoso-EJ13924426

https://contrainformacion.es/el-acoso-escolar-se-ceba-en-los-estudiantes-con-altas-capacidades/

https://exitoeducativo.net/los-ninos-con-altas-capacidades-son-las-victimas-favoritas-en-los-casos-de-acoso-escolar/

Problemas de superdotados, realidad o mito

F. Ramus y N. Gauvrit:
La pseudoscience des surdoués
www.scilogs.fr/ramus-meninges/la-pseudoscience-des-surdoues/

Anexo (*)

(Extracto de:)

Vann Fjernthav: *El gran secreto de Sade. Un cambio radical de interpretación de su vida y de su obra* (<u>Amazon</u>, 2017)

Control mental

Marks, John D.

En busca del candidato de Manchuria

Madrid, <u>Valdemar</u>, 2007 (colección Intempestivas, 17)

Thomas, Gordon

Las torturas mentales de la CIA

Barcelona, <u>Suma de Letras</u>, 2002 (colección Punto de Lectura 166/2

149